# 好老师读心术

马志国 / 著

中国人民大学出版社
· 北京 ·

目　录
CONTENTS

## 第三辑　读懂学生人际心理：在交往中成长



## 第四辑　读懂学生自我心理：和自己好好相处



## 第五辑　读懂学生人格心理：性格就是命运

## 第六辑 读懂学生异常心理：跨越你的心障



## 附 录 心理自测题

# 好老师的真功夫

请看，下面两个教育教学案例是否似曾相识？

一个小学男孩，“淘气大王”，让原来的班主任很是头疼。然而，五年级的时候换了班主任，不知怎么搞的，男孩变得懂事起来，做了许多帮助同学、关心集体的好事，期末的时候还被评上了“三好生”。是原来的班主任不负责任吗？不，原来的班主任不仅带班很负责，而且为这个男孩也付出了很多心血。那么，这是为什么？

一个中学女孩，“学习尖子”，她的物理成绩更是在班里长期排第一。然而，初三的时候换了物理老师，不知怎么搞的，女孩物理成绩直线下降，甚至降到中游偏下，最终没能走进重点高中。是后来这位物理老师教学不认真吗？不，后来的这位物理老师不仅教学很认真，而且对这个女孩也非常关注和器重。那么，这又是为什么？

近些年，常有学校请我去做讲座，为老师们讲讲学生心理。不久前在这样的一次讲座中，再次提到上述案例，我请老师们思考：为什么男孩的品行如此变化？为什么女孩的成绩如此起伏？为什么学生常常会出现诸如此类的情况？

细究起来原因固然很多，但是，从教师方面来说，影响教育教学效果的关键因素之一，还在于我们老师是不是摸透了学生心理，是不是走进了学生的心灵深处。

由于师生关系的特殊性，要取得教育教学的好效果，懂学生、理解学生、走进学生的心里，是不可或缺的心理前提。只有走进学生心灵深处，在日常的教育教学工作中，在日常的师生心灵互动中，教师的一言一行，乃至一颦一笑，才会春风化雨、点点入心，引发学生积极的心灵回应，促进学生品学兼优、身心健康发展。所以，论起好老师的真功夫，虽说列出个千条万条毫不夸张，但最关键、最拿手的真功夫是，好老师应该最懂学生的心，好老师应该善于走进学生心灵深处。

我们都想做个好老师，我们都想走进学生心灵深处。

为此，我们在这本书中相逢。

由于工作关系，我有幸走进众多学生的心中，分享了他们心灵深处的故事。在这本书中我们会看到，原来学生的心灵深处，有那么多的奥妙，有那么多的神秘，有那么多的新奇，有那么多的未知，有那么多的误区，有那么多的迷途……

作为本书的特色，书中每个话题都分为两大部分。

第一部分为“心理案例”。这部分是按照学生遇到的心理困扰，从几个方面精选的典型案例。案例叙述突出体现了以下几个特点：一是有故事，有人物，有情节，突出可读性；二是有诊断，有分析，有答疑，确保科学性；三是有建议，有方法，有对策，讲究实用性。在案例叙述过程中，遵照心理咨询的准则，隐去了当事人的姓名、住址等背景资料，对有些内容做了必要的技术性处理。

第二部分为“与教师共同深入探讨”。这部分是心理案例的拓展和深化，以促进教师结合自己的工作实践深入思考。这是本书特色最鲜明的部分。这部分主要有两方面内容：一方面是对学生心理的深入解读，以帮助教师更好地走进学生心灵深处；另一方面是为教师提供心理辅导的建议，以帮助教师更好地促进学生心理健康发展。

另外，本书还设置了与学生心理内容相对应的心理自测题，作为附录依次集中放在全书最后，老师们可以根据需要请学生自测，以便于了解学生心理。

凭借诸多助缘，本书和读者见面了。感谢多年来接待的每位求询者，推动着我对学生心灵世界的探索。感谢“源创图书”推出选题。感谢资深出版人吴法源先生的热忱邀约。感谢责任编辑张香凝老师的愉快合作。感谢我的妻子骆志霞的默默支持。

鉴于作者水平所限，书中难免出现错误。如能得到读者的指正，我这里先行致谢了。

马志国

丁酉仲夏于空心斋

# 第一辑

# 读懂学生学业心理：成功从心开始

## *1*. 我的希望在哪里

### 心理案例：我对学校生活厌烦了

眼看还有两三个月就要高考了。正当这关键时刻，毕胜却要放弃学业，已经几天不去上学了。这如何了得？这一天，毕胜在父亲的陪同下来到心理健康中心。

初步沟通之后，我知道毕胜是一个严谨、认真、努力向上的男孩，但最近一次考试退步了。毕胜自己说："这次考试退步只是部分原因，关键是，我对学校生活厌烦了，反感了，觉得学校生活一点意思也没有了。我不认为非得上学才有出路。本来上高中就不是我自己的选择。我的中考成绩不够高中的正式录取线，是父母交钱让我上的高中，我也就勉强同意了。我知道家里对我的期望很高，希望我考一个好大学。我自己也想，既然上了高中，就必须要拿个好成绩，考个好大学，从此下定决心，拼命苦学。入学的时候我排名 590 多，第一次考试 540 多，前进了几十名。我看到了希望，给自己定了下一步前进的目标，给自己加压，更加拼命苦读。高二的时候我选择了理科班。可是，我付出了那么多，最近一次考试却后退了几十名，到了 420 多名。我心里全乱了，听不进去课了。如果不是家里不同意，我早就退学了。我不认为非得上大学才有出路，我不上学了也一样可以找到出路……"

很明显，是否上大学才有出路，这不是毕胜真正要讨论的问题，他的真实心态有点"吃不到葡萄说葡萄酸"，这叫做"酸葡萄心理"，是他感到似乎考大学无望而采取的一种自我防卫心理。伊索寓言说，一只狐狸吃不到葡萄，就说葡萄是酸的，于是不感到痛苦。心理学家借用这个寓言，把以某种“合理化”的理由来解释事实，变恶性刺激为良性刺激，以求自我安慰的现象，称为“酸葡萄”心理，是合理化作用的一种表现。

合理化作用又叫文饰作用，是指人遭受挫折或无法达到所追求的目标，以及行为表现不符合社会规范时，用有利于自己的理由来为自己辩解，将面临的窘迫处境加以文饰，以隐瞒自己的真实动机或愿望，从而为自己进行解脱的一种自我心理防卫机制。比如，一个考试没拿高分的学生会说：“我根本瞧不起高分低能的人。”一个在评优中落选的学生会说：“人怎能把眼睛只盯在名誉上？”如此等等，这都需要我们给予充分的理解。

不错，这些所谓的理由不过是“自圆其说”，但的确有维护心理平衡、实现心理自救之效。在心理困境中，人常常需要通过这种方式进行自我调节。这不就是“精神胜利法”吗？是的，但别把“精神胜利法”瞧扁了。有些不如意的事摆在那里，如若能改变，当然该向好处努力；如若已成定局，无法挽回，就该宽慰自己，承认现实，摆脱心理困境，追求精神胜利。这总比垂头丧气、痛不欲生、精神挫败，不知要好上多少倍。因此，要鼓励学生这样做，我们教师也不妨这样做。只是不要过头。

我稍做提示，男孩就理解了这一层意思，说：“当初家里花钱让我上高中，期望那样高，可到高三了，成绩却下滑得这么严重，自己感觉好像当初吹了一个肥皂泡，现在彻底破灭了……”说到这里毕胜连连摇头，唉声叹气。

人都难免给自己吹个肥皂泡，这个肥皂泡也多少会有一些激励作用。但是，肥皂泡是不能越吹越大的，不然早晚要破灭。毕胜心中的肥皂泡破灭了，就是他不断给自己加压，肥皂泡越吹越大的结果。这让他感到自己没有希望了。现在，心理援助的关键是帮助毕胜重新找到现实的希望。毕胜的问题主要是认知出现了偏差，从而失去了对学业的希望。对学生的这种心态，我们应该从帮助学生调整认知入手。

首先，我引导毕胜算了一笔账："高一时让你感到成功的那次考试你考了 540 多名，当时全年级多少人？这次考了 420 多名，让你感到很糟糕，现在全年级理科班多少人？"

"高一的时候全年级 750 人，现在全年级理科班 630 人。"

"把你感觉很糟糕的这次考试的名次，和你感觉很成功地的那次比一比，想想看有什么新发现？"

毕胜沉思片刻："这两次差不多，我后面都是还有 200 多人，总的看我没有退步。"毕胜第一次抬起了头，"就算没有退步，可您知道我付出了多少努力？怎么还是没有进步，没有效果呢？"

"怎么没有效果？"我顿了顿说，"你知道逆水行舟吗？"

"知道，逆水行舟，不进则退。"

"对呀！而你名次虽然没有前进，却也没有后退，这说明什么？"

毕胜的眼睛有了亮光："说明我的努力是有效果的。"

"不仅如此，如果调整心态，效果还会更好……"

毕胜眼睛更亮了："调整心态？怎样调整心态？"

"其实非常简单，就是调整思维方式，把'我必须怎样'换成'我争取怎样'。比如，把'我必须考一个好大学'，换成'我争取考一个好大学'，把'我必须前进几十名'，换成'我争取前进几十名'……"

"我从来没有这样想过，我总是想'我必须怎样'……"

"所以，调整思维方式做起来又非常困难。因为你已经习惯了'必须'的思维方式，你已经习惯了'毕胜'。对了，说说你这个名字，可以吗？"

"这个名字是爸爸给我起的，后来，我长大了，越来越知道爸爸对我的期望，我也越来越这样要求自己，凡事总是求必胜，要求自己必须成功。所以，我从来都是想‘我必须要怎样……’。”

我笑了：“这，正是导致你出现心理困扰的关键所在。”

毕胜深有所悟，一个劲儿地点头：“您的意思是说，如果我不再凡事总是‘必须’，也就没有了那么大压力，学习效率还会更高？”

“是的。所以得从现在开始扔掉极端化的思维方式。这样会让你重新看待生活，重新看待学习，重新看到希望的阳光。”我肯定了他的领悟，“你知道，肥皂泡不能想吹多大就吹多大。你说肥皂泡破灭了，这并不可怕，因为我们找到了现实的希望。”

## 与教师共同深入探讨

从心理诊断的角度来说，困扰毕胜的是出了偏差的思维方式，这种思维方式叫做“偏执性期望”。所谓偏执性期望，就是偏激、固执地看待自己，强迫自己必须如何如何的自我期望和思维定式。比如，我必须成功，我必须做一个有价值的人，等等。凡事总是“必须”，而且不断放大这种“必须”，这无异于让自己背负了一块不断变大的石头，更容易让自己感到很累，更容易让“必须”成为泡影。

就学生的学习来说，“必须”拿个好成绩，“必须”考个好大学，这样的思维过分强化了学习动机。过强的学习动机恰恰会降低学习效率。心理学研究告诉我们，学习动机不强，学习效率当然不高；学习动机过强，学习效率也不高；只有中等强度的动机，效率最高。这种学习动机与学习效率的关系，正好是一个倒“U”的曲线。

因此，作为教师，我们应该指导学生破除偏执性期望，引导学生学会将“必须”转变为“希望”或“争取”，比如，让学生把“我必须成功”转变为“我希望成功”“我争取拿好成绩”，等等。这样，学生的思维就有了弹性，就会少一些压力，反而会多一些成功。

# 2．不再把自己打败

## 心理案例：重读高二究竟好不好？

高强是一个重点高中的高三男孩。眼看到了最后的关键时刻，高强却学习不下去了。听不进课，做不了题，睡不好觉，吃不下饭，甚至在学校里待不下去了。高强自己说，最严重的是咽炎，所以吃不下饭，一吃东西就干呕，甚至吃进去了也会吐出来。于是，总是要家长接回家才能勉强吃饭。家长陪同看了很多医生，医生也查不出什么病，吃了好些调节神经的药，也不管事儿。这可如何是好？父母想到让高强重读高二，这样也许会减轻压力。

高强父母说，知道孩子要强，也感觉是目前的名次让他压力太大，就是不知道该怎样帮孩子减压。实在没有办法了，才决定重读高二，以为这样做名次可能会提升，就可以减轻孩子的心理压力。为了这个决定，家里费了很多周折。最后，就要确定下来重读高二的时候，孩子又不同意了。

父母不知道孩子究竟怎么了，不知道到底该怎样帮助孩子，更不知道重读高二究竟好不好。就是在这样的情况下，一家人预约来访了。

至此，高强的心理压力初见端倪，随后的沟通让我们看得越来越清楚。

原来，高强是一个追求完美的男孩，从小就对自己有很高的要求。为了实现这个目标，自己也确实付出了努力。从小学到初中，高强一直是尖子生，最后凭自己的实力考进了重点高中。但是，多年来每次考试过后，高强感觉都是不满意的。不过，那时候虽然嘴上不满意，内心还是能接受自己的名次的。

到高中后，每次考试的名次，在高强看来真的是太糟糕了。更糟糕的是名次一滑再滑，最近的一次滑到了 500 多名。高强的自我感觉是一路败退，真的挺不住了，被彻底打倒了。于是，高强的身体开始出现了上述种种症状，成了一个病人。

就心理咨询临床经验来看，大凡出现躯体症状医生却查不出什么病的，往往是心理压力太大所致的躯体化现象。所谓躯体化现象，就是在遇到难以面对的生活困境时，潜意识会让心理压力转换成某种躯体症状。这是人在进行自我心理防卫，以减轻内心的痛苦。躯体化现象实际上是一种心因性反应，是患者在扮演病人。

综合起来不难看出，高强的所谓病症就是躯体化现象。他是在扮演病人，是为了逃避困境。他的困境是什么？是名次的压力，是考试名次导致的失败感。

但是，高强是自己把自己打败的。

那么，高强是怎样自己把自己打败的？从下面我与高强的单独会话中，不难看出高强自己打败自己的心路历程。

高强开头第一句话就是："我太失败了，彻底失败了……"

我笑了："为什么有如此强烈的失败感？"

高强痛苦地说："为了取得好成绩，我上学一直非常努力，可是，初中时候的尖子生，现在却到了 500 多名，您说不是失败是什么？"

"请问你初中时最好的名次是多少名？"

"全校 100 名左右。"

"是不错，在初中肯定是尖子生了。考进重点高中后呢？"

"到重点高中后，反正再也没考进过 100 名了，最近一次最糟糕，到了 500 多名。我努力了，可是也没有多少进步……"

“于是你觉得自己失败了？”

“这还不是失败吗？”

“那么，怎样才是成功呢？”

“起码要保住 100 名，保住初中时候的尖子生的名次吧？”

“那就怪了，重点高中可是集中了所有初中学校的尖子生啊。假定你们那个学校的前 100 名都考入了重点高中，难道在尖子生集中的重点高中里，还能都占据前 100 名吗？如果这样的话，人家其他初中学校来的尖子生摆在哪儿呢？”

“也是啊，看来有人的名次可能要下滑了。”

“不是可能，而是一定，一定会有很多人不能保住初中时候的名次了。”

“对，一定。”

“那你凭什么要求自己还保住 100 名呢？”

高强沉默很久才说：“是的，我也很难保持在 100 名了。”

“这叫什么？这叫竞争群体不同了。这就好比国家比赛中的冠军，在世界比赛中未必还能拿冠军。”

高强眼睛亮了：“是的，正是这样。”

“这原本是一个非常简单的道理，为什么看不到呢？”

“是啊，为什么这样简单的道理我没想到呢？”

“就是因为过高的自我期望，多年的尖子生，让你这种高期望成了惯性，认为自己的尖子生名次是理所当然的，否则就是失败。”

“是的，过去十来年都是尖子生，一下子落后了还真接受不了。”

我直指要害：“于是，就痛苦，就迷茫，就失望，甚至绝望，就找不到方向了，就躲进了病里，就开始闹病了。其实，这是一种逃避，逃避现实的困境。想重读高二，实质上也是逃避。但是，以这样的心态，即便重读高二，就一定会有名次的前进吗？如果回到了高二，还找不到尖子生的名次，是不是更会感到失败？更重要的是，带着这种失败感去学习，怎么可能有好的效果？只能让自己感觉越来越糟糕，结果越来越失败。最终，人就自己把自己打败了。”

高强好像遇到了知音：“您说到我心里去了……”

至此我们看到，高强的思路是这样的：先给自己预设一个认知误区——我努力就应该是尖子生，然后从这个错误认知出发进行错误的推论——我没有保住尖子生就是彻底失败了。

高强应该怎样自救，才能走出失败的心灵泥沼呢？

我们的对话继续进行。高强到底是个悟性很好的男孩，一旦领悟了过去的认知错误，就开始积极寻求改变了。他问：“那您说，现在我该怎么办呢？”

既然有所领悟，我就直来直去了：“换一个思维方向。到了重点高中，在强手如林的情况下，最糟糕了也还能保持在500名左右，更不用说还有更好的名次。想想看，这说明自己的努力有没有成效？”

“有。”

“重点高中的500名，比普通初中的100名，后退了吗？”

“没有。”

“不仅没有后退，而且还略有前进，是这样吗？”

“是的。”

“更重要的是，当动力与阻力正好相当的时候，逆水行舟会出现怎样的情况？”

“船不动了。”

“说得好。船虽然没有前进，划船用的力起作用了没有？”

“起作用了。”

“如果没起作用，船会怎样？”

“倒退。”

“现在，在强手如林的竞争中，一个学生的名次不但没有后退而且还有前进，你说，这个人的努力是不是有了效果，是不是成功的？”

高强眼睛有了光彩：“是啊，我没有失败，我是成功的。”

“更重要的是，当你看到自己的成功时，你的学习状态会更好，学习效果也会更好，成绩会更进步。再说，即便就是这个500名，高考也肯定能考个不错的大学呀，何况心态好了，效果好了，不是更有希望了吗？”

高强抬起了头，挺直了腰：“我知道了，我不去重读高二了！”

随后，我们就如何淡化对考试结果的关注，以及这样做的意义，进行了较多的讨论。经过交流，高强理解了，淡化对考试结果的关注，有助于在学习中树立正确的心态，有助于提高学习效率，有助于在考试中发挥出正常水平。

为了帮助高强获得更深切的理解，最后，我给高强讲了一个故事。

故事的主人公是小镇上最早开肉摊的，多年经营，练出一手过硬的砍肉本领。不管你要买多少，他一刀下去，保准丝毫不差。因此，有了“神一刀”的美名，他的肉摊也名声远扬，生意自然红火。一天，来了一个不服气的包工头，把3000元钱拍到桌子上，说要3.3斤带骨的，6.6斤全瘦的，9.9斤肥瘦相间的，如果一两不差，这钱就全归卖肉的了。有人在一旁鼓动他：“快砍吧！”而他转过身去，一遍又一遍地磨刀，似乎在想些什么。过了好久，他抬头瞅瞅包工头说：“这三份肉我给你砍了，你按斤两付钱，额外的我一分不收。”只见他说话间手起刀落，三份肉很快就割好了，上秤一称，果真份份丝毫不差，围观的人赞不绝口。有人问他：一口猪也卖不上3000元钱，你咋不收下那3000元呢？他憨厚地笑了：“见钱眼开，心里就会长草，长草就会心慌，心慌就会手抖。如果我心里想着那3000元钱，十有八九会下刀没了准儿，那样不仅丢了手艺，还叫人家笑话。”

高强领悟得很好，他说：“我知道了，放下过高的自我期望，就是要放下对考试结果的过度关注，把考试的结果看得淡一些，再淡一些。”

最后，我与高强的父母做了沟通。当父母听到高强继续读高三的决定后，终于松了一口气。但是，为了让高强更好地进行自我调整，我又给了他的父母一番提醒。我说，孩子过高的自我期望，一定有家庭的影响。希望父母为了帮助孩子调整心态，自己先要降低对孩子的过高期望；同时，在孩子“闹病”的时候，不要过分关注。高强父母承认，孩子的心态确实受到了家庭的影响，并表示要积极配合，帮助孩子调整心态，使他能够跳出失败感的泥潭，寻找属于自己的成功。

在整理这个咨询手记的时候，高强传来好消息：他的那些躯体症状不治而愈了，他的高三在继续，并且感到越来越轻松，状态越来越好，最近的考试名次又进步了。

## 与教师共同深入探讨

为什么期望过高反而效果不好呢？为什么淡化对结果的关注会提高效果呢？

这，既是学生要关注的问题，也是我们教师应关注的问题。

实际上，这是一个学习动机与学习效果的关系问题。

心理学告诉我们，一般说来，情绪紧张度太低，缺乏强烈动机，学习活动的效率不高；情绪紧张度太高，动机过于强烈，学习活动的效率也不高；只有保持适度的情绪紧张度，才有助于提高学习活动的效率。就中学生目前的学习现状来看，一般在对待考试的问题上，大多都是情绪紧张度过高，动机过于强烈，这也就降低了学习活动的效率。

为什么动机过于强烈反而学习效率降低呢？这是因为动机过强，情绪过于紧张，用脑过于疲劳，就容易导致大脑细胞的超限抑制。所谓超限抑制，就是刺激超过了大脑细胞承受的限度，大脑细胞为了自我保护，就会自动转化成抑制状态。不难理解，大脑细胞处于抑制状态了，学习效率自然就降低了。

所以，我们应该指导学生，别太拿考试当回事，对考试要有平常心，这样在考场上就能泰然处之了。如此一来，你就会感到复习起来是那样心清气爽；你就会感到在小溪边、柳荫下捧读一本书，这道风景是那样美丽；你就会感到在考场上挥笔疾书，简直是过一把瘾。如果能如此享受考试，你还怕什么？

# 3．学会分解学习目标

## 心理案例：我感到学习压力特别大

“马老师，最近我感到学习压力特别大，您说应该怎么办？”心理咨询室里，一个初中男孩把这样一个问题摆到我面前。

面对他的问题，我想到不少中学生来信来访，诉说学习、考试给自己带来的压力和苦恼，问我应该怎么办。于是，我说：“所谓压力，常常是自己给自己制造的心理困扰。所以，化解心理压力有一个挺不错的方法叫做心理除法。”

“什么叫心理除法？”男孩很是好奇。

“先听马老师给你讲一个我自己的故事。”我说，“十几年前，一家出版社约我写一部关于青少年心理的书。恰好赶上暑假，全书 10 万字，我计划在暑假里完成初稿。那时候还不用电脑写作，要在不到两个月的时间里写出 10 万字，这个总数目真是让人犯怵。正犯怵的时候，我忽然想到：按天计算一下如何？这样一算，每天不过两千字。顺着这思路算下去，每小时才 200 字。虽然事实上工作量还是那么大，可这样一分解，我的心理压力却烟消云散了，这就是心理除法的作用。”

男孩感到很有兴致：“您说的心理除法，就是把一个大任务分成几个小任务？”

“对。”我肯定地说，“这种把总目标分解为若干层次的小目标的方法，叫做目标分解法。它可以分散人对总目标的注意力，而着眼于一个个较容易达到的小目标，从而减轻心理压力，增强实现目标的信心，提高活动的效率。由于这种分解只是心理上的，所以有的心理学家把这种方法称为‘心理除法’。你们平时的学习也是这样。比如，暑假里各科作业加起来共有300个练习题。看总量真是不小。但是你一旦把它分解，每一天其实不过做5个练习题就可以完成了。于是，你就一点心理压力也没有了。”

男孩领悟得很好：“我知道了，目标小了，就没有压力了。”

“可是，有些同学就是不会把学习的总目标，分解为一个个的小目标。”我继续分析说，“一个学期开始了，给自己定的目标倒是够远大的。而后，经常为这个‘远大’的目标发愁，总想着一下子实现目标，于是，白白地给自己增加了心理压力。还有的同学目标定的不小，可就是不肯做好眼前的一件一件的极小的事儿，比如，弄懂一道习题，记好一个英语单词，学会一个成语，等等。这些小目标是很容易实现的。为什么不尽力达到小目标而空为大目标发愁犯怵呢？”

“我就是您说的这种情况，总是记着大目标，没有及时地把它分解成小目标。”男孩深有感触地说。

“人生的成败，往往在于能否做好应该做的一件件小事。”我说，“同学们学业的成败不也是如此吗？所以，马老师一直喜欢讲这样的话：别只是记住了‘志当存高远’，还是先办好眼前的一件件小事吧。”

男孩说：“您的话真是解决了我的大问题。”

我笑了：“那就把你学习上的大目标分解为一个个的小目标吧。目标越小越容易实现，越能给你信心和力量，越没有心理压力，就越能轻装前进，一步步走向你的大目标。这就是心理除法的神奇之处了。”

男孩起身和我告别：“心理除法真奇妙，我懂了。”

## 与教师共同深入探讨

心理学家曾经做过一个有趣的实验。实验把被试者分为3组，让他们分别向着同样距离的3个不同村子进发。

第一组的人既不知道村庄的名字，也不知道路程有多远。只告诉他们跟着向导走就行了。刚走出两三公里，就开始有人叫苦。走到一半的时候，有人几乎愤怒了。他们抱怨何时才能走到头。越往后走，他们的情绪也就越低落。

第二组的人知道村庄的名字和路程有多远，但路边没有里程碑。走到一半的时候，大多数人想知道已经走了多远，比较有经验的人说，大概走了一半的路程。于是，大家又簇拥着继续向前走。走到全程的四分之三的时候，大家情绪开始低落，觉得疲惫不堪。当有人说“快到了，快到了！”时，大家又振作起来，加快了行进的步伐。

第三组的人不仅知道村子的名字、路程，而且公路旁每一公里就有一块里程碑。人们边走边看里程碑，每缩短一公里大家便感受到一阵快乐。行进中他们用歌声和笑声来消除疲劳，情绪一直很高涨，很快就到达了目的地。

由此，心理学家得出了这样的结论：当人们的行动有了明确而具体的目标，并能把自己的行动与目标不断地加以对照，进而清楚地知道自己的行进速度和与目标之间的距离时，人们行动的动机就会得到维持和加强，就会自觉地克服一切困难，努力达到目标。总之，目标越具体越容易达到。于是，心理学家提出了目标分解法。

这启示我们，真正睿智的教师，不仅要善于教导学生胸怀大志，更要善于帮助学生分解目标，随时明确眼下的具体的小目标，也就是善于帮助学生把握当下。

## 4．奠定好理想的塔基

### 心理案例：考试成绩一路下滑

初中男孩宏伟，学习好，品行好，人缘好，是大家喜欢的好班长。可是，从初二后半学期开始，考试成绩一路下滑，到了毕业班，关键时刻更是掉链子，从原来的年级前 10 名，一直下滑到年级 120 多名。宏伟这是怎么了？！

这让老师怎能不着急？但是，老师和宏伟的谈话，只是看到了宏伟的眼泪，没有看到宏伟的内心。于是，老师不得不请了家长。

家长更是着急上火，这孩子到底怎么了？但是，家长和宏伟的谈话，也只是看到宏伟的眼泪。家长弄不懂孩子是怎么回事，心里实在是没底了。

就是在这样的情况下，家长辗转找到我的联系方式，这一天紧急预约来访了。

在心理咨询中，宏伟的父母猜想可能的原因说："是不是因为懒，懒得写作业；或者是因为贪玩，忙着玩游戏，不能把心思放在学习上；又或者是因为到青春期了，和女孩早恋了？我们也猜不透，弄不懂。这次是他自己提议来做心理咨询的。"

在我接待的家庭教育咨询案例中，大多是家长首先提议。孩子主动提议来访，让我感到这个孩子非同寻常。

果然，在和宏伟的单独会话中，我明显地感到宏伟确实不是一般的男孩，非常懂事、有礼貌、有头脑、有理想，比他的同龄人要成熟许多。这让我在心里也画了个大问号：这样一个男孩怎么会出现成绩如此直线下滑的情况？

宏伟的求助意向很强烈，他说："从初二下学期我发现成绩下滑了，自己感觉到了压力，就做过自我调整。可是，还是一路下滑，最近的一次月考，竟然到了 120 多名……但是，不是他们说的那样，我不是懒，不是玩，更没有早恋……"

我回应道："那是为什么呢？"

"因为爱好，我就是放不下我的爱好……"

"爱好？什么样的爱好让你如此痴迷，成绩下滑还放不下？"

"怎么说呢？我的爱好很多，我喜欢动漫，喜欢唱歌，喜欢播音，喜欢主持……"

"这些爱好都不错。但是，这些爱好怎么就让你痴迷到放不下的地步？"

"我的这些爱好在网络上很受欢迎，因此很有诱惑力，很让我痴迷。"

"具体说说看，能让马老师也感受感受吗？比如……"

"比如，我画的动漫上传之后，被转发、被粘贴、被推广，点击率很高。我一看到那么高的点击率，甚至还有外国网民的点击，您知道我什么感觉？"

"非常有成就感。"

"对，非常有成就感。"宏伟仿佛遇到了知音，热情明显高涨起来，"这样的成就感极大地刺激了我的热情。以前，我就是玩玩，从没想过挣钱不挣钱，可最近居然有人专门要和我签订单。这更刺激了我的热情。还有，我在网上办了一个个人电台，先录制，录制好了传到网上去。没想到被很多网友点击，而且，还被播音的专业老师肯定，说我主持的节目很厉害……"

“这更让你有成就感，更刺激了你的热情？这样的热情之火越烧越旺，于是，你虽然感觉到了学习成绩下滑的压力，明明知道如此下去，考试就会更糟糕，可就是控制不住自己？”

宏伟看着我，好久好久，语调低沉下来：“谢谢您懂我。可是，这些爱好占去了我太多的精力和时间。比如画动漫，我一有空就画，连下课的时候都要画几笔，画好了再扫描传到网上去。个人电台也要花很多时间，准备、录制、上传……”

“每天要花去多少时间？”

“平均每天差不多要两个小时，有时候还会更多。”

“所以，你现在很纠结，一方面放不下爱好的诱惑，另一方面又感到了学业的危险？”

“是，跟老师和家长又说不清楚，我真的不知道怎么办好了。”

很明显，困扰宏伟的就是课余兴趣与课业学习的关系。

我们究竟应该怎样看待一个人的兴趣呢？

所谓兴趣，就是一个人倾向于认识、研究、获得某种事物，并带有情绪色彩的心理特征。兴趣对人的某一方面的发展有始动、定向和调节作用。它可以推动人充满热情地认识、研究有关事物，从事有关活动，使人着迷、上瘾，甚至废寝忘食，并从中获得极大满足，进而使人获得更好的发展。比如，对音乐感兴趣的人，总是首先注意有关音乐的书籍和乐器，他的认识活动优先指向与音乐有关的事物，并以向往的心情力求研究它、领会它、掌握它。

兴趣作为一种非常重要的非智力因素，是成才的先导，是成功之路上一位最好的朋友。平时，人们谈到成功，往往会想到“头悬梁，锥刺股”；往往会想到“艰难困苦，玉汝于成”；往往会想到“天将降大任与斯人也，必先苦其心志，劳其筋骨，饿其体肤……”。不错，成功的道路往往漫长而艰难、坎坷而崎岖，难免流汗、流泪，甚至流血。但是，这绝非事情的全部，更不是事情的关键。成功的路上，还有快乐，还有满足，还有幸福。这就是兴趣的力量。兴趣能使我们对有关的事物和相应的活动，表现出积极接受和深入探究的态度，并且总是伴随着快乐、欢喜、满意等积极的情感体验，从而推动我们满怀喜悦地走上成功之路。

正是兴趣这个好朋友，让宏伟充满了热情，让宏伟找到了成就感，让宏伟如痴如醉、欲罢不能。一个初中生能够有如此的课余兴趣，是难能可贵的。但是，问题在于，初中生往往处理不好课余兴趣与课业学习的关系，于是，就会导致心理冲突，从而影响长远发展。宏伟就是遭遇了这样的心理困扰。

怎样帮助宏伟走出这个心理困扰呢？

简单沟通了上面的意思，肯定了宏伟课余兴趣的积极意义，然后，针对宏伟不想放任自流的心态，我启发道："你自己想过什么办法来解决这个问题吗？"

宏伟回忆说："我想过调整时间，把这些爱好放到假期，还有，我和朋友商量过，要不就定期封号，总之是想过一些办法，但是，都不太管用。"转而又说，"有时候我想，要不就干脆这样干下去，将来当个主持人，或者当个画家……"

"你是说，你想把当画家或者主持人作为自己的理想，你想现在就直奔自己的理想而去？所以，你调整的办法不管用，你的成绩还在下滑，你知道这是为什么吗？"

宏伟定定地看着我："为什么？"

"这是因为你的办法是战术上的，你还没有做出战略上的调整。"

宏伟睁大了眼睛："怎样做出战略调整？"

"我们以当主持人为例。"我说，"你知道一个优秀的主持人是怎样炼成的吗？在当今这个时代，即便是播音主持专业的大学毕业生也未必就一定能成为一个优秀的主持人，假如现在放弃学业，凭一个初中毕业证你认为有人敢用你吗？没人敢用又怎能梦想成真？你也许可以说，我不要学历，我就自学成才。你知道一个优秀主持人成功的背后有多少功夫垫底吗？这些功夫，有知识的、有能力的、有艺术的、有文化的、有身体的、有心理的，太多太多。假如现在放弃学业，凭一个初中生的水平怎样练就这些功夫？没有这些功夫又怎样梦想成真？再以当画家为例。你知道大画家达·芬奇吗？他除了是画家，还是雕刻家、建筑工程师、音乐家、数学家、军事工程师、发明家、医学家、地理学家、诗人、哲学家和文艺理论家。你看，当个好画家哪有那么容易？”

看宏伟听得专注，我继续说道：“不错，现在确实也有中学没毕业却很‘成功’的，比如有些少年作家，比如有些少年歌手。但是，那只是在特殊领域里，而且在特殊领域里也是特例；况且，这些特例如果不及时补课，最终的发展也会受到局限。”

宏伟追问道：“这是为什么呢？”

我继续启发宏伟：“你知道金字塔吗？想想看，塔基和塔尖是正比还是反比关系？”

宏伟想了想，肯定地说：“正比。”

“对。”我解释说，“建金字塔，要想塔尖足够高，必须塔基足够大。反之，没有足够大的塔基，怎么会有足够高的塔尖？从人才发展的角度来说，如果把一个人的理想比作塔尖，这个人所有的基本素养就是塔基。所以，你现在关键是要在心理上解决好这个战略问题：中学时代，是直奔塔尖，还是先奠定塔基。”

宏伟深深地点头：“知道了，我要先奠定好塔基，为将来实现理想先打好基础。”

我肯定说：“对。先奠定塔基好处很多：一是实现理想的可能性更大，就是说，你更有可能成为一名优秀的主持人或画家；二是实现理想的可能性更多，也就是说，即便没有成为优秀的主持人或画家，你也拥有了更多的成功机会。这样，心理上的战略问题解决了，战术上对你来说，就不成问题了，是吗？”

沟通至此，宏伟看清了方向，面露笑容，一脸的阳光。“是的，对那些网络上的爱好，用圈子里的话说，我要‘淡圈’。谢谢您！”

最后，与宏伟父母的沟通时，我对宏伟的心理困扰做了简要说明。宏伟的父母都长长地嘘了一口气：“原来是这样，这我们就放心了。”

临别，我送给他们我写的一本书《读懂青春期孩子的心》，希望能对他们有所帮助。宏伟父母感激地说：“谢谢您！以前，都怪我们不知道孩子的心思。回去我们一定好好读读您的书，读懂孩子的心。”

宏伟父母说得不错。孩子成长的过程中，成人往往不能深入孩子的心，不能理解孩子的心理困扰。所以，为了孩子的顺利成长，成人要努力读懂孩子的心。

送别之后，我想起一则寓言：一把沉重的铁锁挂在大门上。一个人走过来，拿一根铁棒连撬带砸，不管用怎样的力气，都打不开锁。另一个人走过来，拿出一片小小的钥匙，放进锁孔轻轻一转，“咔嚓”一声，锁开了。等两个人走了，迷惑不解的大铁棒问小钥匙：“为什么我用那么大力气都打不开锁，你却轻轻一下就可以打开呢？”小钥匙回答说：“因为我能深入它的内心。”

在后来的电话反馈中，不断有宏伟的好消息传来。在最近一次通话中，宏伟告诉我，他考进了自己向往的重点高中，他说他会继续奠定好理想的塔基。

## 与教师共同深入探讨

父母要读懂孩子的心，我们教师又何尝不应读懂学生的心？

在这个案例中，我们看到宏伟的确是一个好学生。如果老师对学生的课余兴趣有所了解，对学生课余兴趣的意义有所理解，还能够对学生的课余兴趣能给予及时恰当的指导，学生的成长就会少一些困扰，学生的发展就会更加顺利。

关于兴趣的意义和作用，前面已经谈过。这里我们侧重谈谈，为了更好地促进学生的长远发展，我们该怎样帮助学生处理好广泛兴趣与中心兴趣的关系。

人的兴趣在广泛性上有所不同。兴趣的广泛性，就是指兴趣范围的大小。有人对新鲜事物十分敏感，对什么事都感兴趣；有人则把自己局限在一个小天地里，兴趣的范围极为狭窄。兴趣广泛，可以使人开阔眼界、增加知识、发展才智、乐于创造，使生活丰富多彩。相反，一个兴趣贫乏的人，他接受的知识很有限，因而思维和想象力差，生活也单调平淡。古今中外，大凡有成就的人都有广泛的兴趣。我们应该指导学生形成广泛的兴趣。

当然，我们还应该指导学生，在广泛兴趣的基础上培养一个更突出的兴趣，作为自己的中心兴趣。所谓中心兴趣，是指在广泛兴趣的基础上，对某一方面的事物或活动有更加浓厚而稳定的兴趣。凡是在人类历史上做出重大贡献的人，往往在广泛兴趣的基础上，都有自己的中心兴趣。只有广泛兴趣与中心兴趣相结合，才是更可贵的兴趣品质，也才能更好地推动学生的发展。

广泛兴趣和中心兴趣，是密切联系、相互促进的。广泛兴趣解决所谓“博”的问题，中心兴趣解决所谓“专”的问题。二者的关系就是博与专的关系，应该在博的基础上专，在专的要求下博，博而后专，专而后博，博专结合，相互促进。博与专的这种辩证法，就是广泛兴趣与中心兴趣的辩证法，也就是前面说到的塔基与塔尖的辩证法。

青少年正处于打基础的时期，这个时期的基础打得如何，直接影响到一个人一生的发展。因此，我们应该指导学生，处理好塔基与塔尖的关系。首先应发展自己多方面的兴趣，从多方面摄取知识，给自己打下坚实的知识基础。然后，在此基础上培养中心兴趣，对某一方面进行更加深入地钻研，并使其他各种兴趣都直接或间接地为中心兴趣服务。这样，发展的道路才能越走越宽广。

其实，我们说到兴趣的时候，绝非仅仅局限于课余兴趣。不错，课业学习，总要付出努力，总要有点勤奋吃苦的精神。但是，我们为什么不可以让学生对课业学习多些兴趣？我们为什么不可以千方百计地激发学生对课业学习的兴趣？

至此，我们做一个小结：学生的成才之路不是总要与痛苦相伴，学生的成才之路一样可以与快乐同行。帮助学生在成才之路上找到兴趣并正确对待兴趣，是每一位真正的好老师理应做到的事情。

## 5．怎样战胜考试焦虑

### 心理案例：考试总想去厕所

在一次心理咨询中，一个女孩这样诉说自己的困扰：

“我是个高三女孩，随着高考的临近，我的心越来越紧绷起来。面对一次次考试，压力很大，觉得特别累，我平时学习挺用功，可最近面临毕业前的考试，心里越来越紧张。到现在，我一看到试卷，眼前就一片漆黑，脑子一片空白，即使做过的题也忘了。等考试结束了，走出考场又全都记起来了。结果丢了不少分，如此一来，我更怕考试了。

“眼看就要高考了，我不知道该怎么办。多少次，我拼命地打自己，告诉自己不要紧张害怕，可是没有用。结果越是害怕这种情绪，紧张的情绪就越是严重，学习和考试的效果就越是不好。现在，我觉得自己彻底被它控制了，我快要崩溃了！

“没想到，最近这次考试更大的麻烦降临了。第一场考试之前，我就拉肚子。走进考场试卷刚刚发下来，我又想去厕所。控制了一会儿还是不行，就和老师请假去了。回来后不久又想去，结果又去了一次。最后，离交卷还差 40 分钟的时候还想去，终于忍不住就交卷出去了。但是，出来以后又不想去厕所了。考第二场前，我先做好准备，去了一次厕所。可是刚进教室就又想去厕所，自己坚持了一会儿，到底还是交卷出去了。就这样终于熬过了 3 天的考试……

您说我这是怎么啦？我该怎么办？”

## 与教师共同深入探讨

女孩的症状是考试焦虑的表现。面对考试，有些同学会出现如下反应：情绪紧张，忧虑不安，担心害怕，手足发冷，心跳加快，肌肉紧张，头昏眼花，视听困难，心烦意乱，记忆迟钝，思维混乱。这些都是考试焦虑的症状。考试焦虑是一种对考试情境习惯性的紧张状态。

也许有同学说，我考试前也心里难受，是不是也有考试焦虑？这要看是否妨碍了考试的操作，是否影响了考试的成绩。比如，一个同学经常抱怨自己考试紧张，可成绩总是不错，这说明他对这种程度的紧张是可以承受的，他不是一个真正的考试焦虑者。有一个学生平时学习不错，可就是一到了考场便觉得特别慌恐，总想着“自己这次一定要考砸了”，一些平时背得滚瓜烂熟的公式无论怎样都想不起来，但一出考场便什么都想起来了。由于紧张，他的联想出现困难，要花费很长的时间才能回忆起学过的知识，通常答不完考试的题目。结果，虽然复习很充分，成绩却总是不尽如人意，甚至不如平时。这位同学才是真正的考试焦虑者。

需要特别说明的一点是：面临中高考的同学常常高估了自己的焦虑程度。在我的心理咨询工作中经常有这样的情况，来访的同学诉说自己因为考试焦虑而多么痛苦，可经咨询之后确认基本属于正常情况。就是说，面临考试，适度的紧张是正常而必要的。所以，我们要指导学生，千万别夸大自己的考试焦虑来吓唬自己！

如果学生的考试焦虑比较严重，我们可以教学生采取如下的心理策略。

策略之一：把对考试的担心变成对考试的信心。

对考试结果的担心是引起考试焦虑的直接原因。对考试结果的担心多种多样，为了消除这些担心，先把自己的担心忧虑明确化。具体做法是用一张纸，将自己对考试的所有担心、忧虑、害怕、恐惧，一条一条明明白白地写下来。这样做，可以使困扰你的种种想法明朗起来。

比如，写出的第一条是“我担心我脑子太笨，恐怕考不过别人”，就针对这一条想出尽可能多的理由来自我辩驳：谁说我的脑子不好？我之所以感觉自己不够聪明，是因为我的学习成绩不像班上的一些尖子生那样好。可人的能力是多方面的，你在这方面有特长，我在那方面有天赋，谁也不比谁差多少。我只要踏踏实实地学习，就能考出最佳水平。况且，一个人的学习成绩固然与人的智力水平有关，可还有其他一些因素，比如，学习是否勤奋，学习方法是否得当，学习计划是否切实可行，以及自我调整和自我控制能力如何，等等，都与学习成绩很有关系。因此，即使我的脑子真不如某些人聪明，只要我在其他方面发挥出优势，一样能考出理想的成绩。

对列出的其他让你担心的事情，也这样逐一找出理由自我辩驳。

策略之二：把消极的心理暗示变为积极的心理暗示。

自我暗示的作用是相当大的。有一个人到医院就诊，诉说身体如何难受，而且日渐消瘦，百药无效。医生检查后，发现此人患的是“疑病症”。后来，一位心理医生接受了他的求治。医生对他说：你患的是一种综合征。正巧，目前刚试验成功一种特效药，专治你这种病症，每天注射一支，保证三天后就康复了。打针三天后，求治者果然病愈出院了。其实，所谓“特效药”不过是极普通的葡萄糖，真正治好病的，是医生语言的积极暗示以及由此引起的积极的自我暗示。

有些同学的考试焦虑较重，其原因往往就在于钻进了消极的自我暗示的怪圈。他们的念头经常是：我不行，我就怕考试，我肯定会紧张，我又要失败了……人是很奇怪的，你以为自己怎样，往往你就会怎样。所以，知道了自我暗示的巨大效应，你就应该把消极的自我暗示换成积极的自我暗示。

在考试过程中，你可以采用这样积极的自我心理暗示。比如，在考试中遇到了不会做的题目，千万不要一味地想：“我怎么这么笨”“这次考试肯定没戏了”，而应该这样想：“这道题我一时想不起来，不过没关系，我可以先想想下面的题目，这道题过一会儿再说。”“这道题我觉得很难，别人也会觉得很难，把别的题目答好，一样可以取得不错的名次。”这样就可以稳定情绪，保持比较好的应试心态。

策略之三：把紧张的心情变成放松的心情。

一是大笑放松法。笑是精神消毒剂。国外的谚语说，一个小丑胜过一打医生。因此，如果条件允许，在考前的复习中你不妨抽空去听听相声，看看喜剧小品，在开怀大笑中化解焦虑。二是运动放松法。机体的运动可以使精神放松。你可以在考前复习中抽空放下书，放开身心地去踢一场球，或做点别的什么运动，以此消除焦虑。三是呼吸放松法。考前或考场上紧张焦虑时，做深呼吸 4 ～ 6 次，会缓解焦虑。四是意守放松法。将意念集中于丹田穴，而后想象意念向上移动，一步步直至头顶百会穴，同时吸气，再向后向下移至丹田处，同时吸气。这样也可以缓解焦虑。五是片刻放松法。抓住片刻时间，哪怕是几秒钟，收腹、缩颏、扭动身体、打哈欠，焦虑也会随之消失。

# 6. 为何星光过早黯淡了

## 心理案例：尖子生的希望破灭了

建峰是个男孩，从小聪明伶俐、心灵手巧，音乐、美术、书法，学什么会什么，干什么像什么。建峰上幼儿园的时候，就显得聪慧超群，大家都说，这孩子简直就是一颗耀眼的童星，是一棵天才的苗子。

可是，转眼建峰16岁了，到了该上高中的年龄了，却待在家里半年多不去上学了。眼见耀眼童星的星光黯淡下来，不要说成为天才，简直快要成废人了。建峰的父母痛苦极了，仿佛到了穷途末路，不知如何是好。

这颗耀眼的童星为什么很快黯淡了，建峰的成长过程中到底发生了什么？

建峰的出生，给父母带来无限的希望。还抱在怀里的时候，父母就感觉建峰非常聪明，并下定决心一定要让孩子成才。因此很早就开始了对建峰的早期教育，识字、数数、唱歌、画画，不一而足。建峰也确实聪明，学什么会什么。建峰三四岁的时候，就开始学电子琴，连续考级非常顺利；后来又学钢琴，也是连连考级获奖；再后来又学画画、学书法，都是参展、获奖不断。小小年纪，获奖证书一大摞。就这样，建峰成了远近闻名的小天才，成了一颗闪耀的小童星。整个家族都对建峰寄予厚望，建峰走到哪里，听到的都是赞誉之词。建峰的父母为家里出了一个小天才而感到无比欣慰。

6岁的时候，建峰上了小学。在学校里，建峰成绩喜人，考试总是满分，班里的“第一”成了他的专利。同学羡慕，老师喜欢，大家都围着他转。慢慢地，建峰感觉自己不再是星星，而是太阳了。每到期末，建峰总会把各种考试和竞赛的奖状带回家。到小学毕业的时候，建峰的奖状已经没处挂了。看着孩子的奖状，父母仿佛看到孩子已经考上了重点中学、考上了重点大学，看到孩子已经成了一个非凡的天才。

父母越是对建峰的成才充满希望，就越是娇宠。在生活上，建峰只管饭来张口，衣来伸手，什么也不用干，什么也不用想。父母提供了全方位的照顾与呵护，真的就像捧着一颗星星，唯恐这颗星星不小心掉下来摔碎了。

父母以为，只要孩子有了好分数，就有了一切。他们没想到，除了好分数，建峰失去了一切生活自理能力。每天早晨，得妈妈叫起床，三番五次，甚至十次、二十次，还是不起来，最后得妈妈去卧室，从被窝里把他扶起来。吃饭的时候，饭菜端到眼前还不行，还要妈妈递上筷子并哄着吃饭。建峰连自己的生活都照顾不好，就更不可能照顾父母、关心他人了。父母渐渐发现建峰没有孝心，没有责任心，没有对别人的关心，没有生活自理能力，没有人际交往能力。一句话，同龄人有的能力和品质他全都没有。

孩子怎么这样了？父母虽然有过困惑，但看到满墙的奖状，想到建峰的学习，就“一白遮九丑”了，心里又安然了许多。

很快，建峰上初中了。起初，聪明的脑瓜让建峰照样考试一路领先，父母和建峰都想当然地以为稳拿重点高中。结果，初一还可以，到了初二，“第一”的专利保不住了，考试名次一个劲地下滑：第三名、第五名、第十名，甚至在全年级中滑到了将近200名，眼看与重点高中无缘了。

过去，建峰学习好是父母唯一的指望。如今学习好这一条都指望不上了，这还了得！于是，建峰开始遭受家庭暴力。自从孩子第一名不保，父母就开始埋怨、打骂。随着建峰名次的继续下滑，父母的打骂变本加厉。而且，常常是妈妈知道了先打一顿，爸爸知道了又打一顿。实际上，孩子所在的年级全校 1000 多人，即便是考得最不好的那次年级 200 名，也是绝对的上游，却遭到父母的拳脚相加。

打来打去，到了初三第一学期的期末，建峰居然考了年级 300 多名。这下子，没等父母打骂，建峰自己就受不了了，他内心的希望彻底破灭了，他的精神垮了，就像换了一个人一样。整日里没精打采，郁郁寡欢。看孩子这样，父母也不敢打骂了，一个劲儿地哄孩子。可是，建峰除了发脾气就是发呆。全家人过年都没过好。年后，建峰说什么也不去学校了。没办法，父母只好给他办了休学。

在家里，建峰就是看电视、玩电脑、打游戏，再不就是睡觉。时间长了，建峰的状态更不好了。除了情绪抑郁，无精打采，还时常发脾气、摔东西、砸桌子、用脑袋撞墙，像被圈在笼子里的一头困兽。后来，建峰不仅不学习了，而且什么都不想干了，原来喜欢的钢琴也不弹了，甚至连玩都觉得没意思了。

眼见孩子这样，建峰父母每天如坐针毡，看孩子也越来越不顺眼，孩子的很多不良品质——冷漠、冷酷、没有爱心、没有责任感、不知道孝顺父母、见父母好像见到了仇人等等问题在他们眼中越来越严重。

父母这样的心情，怎么可能对孩子有好态度？父母每天下班，只要走进家门，就愁眉苦脸的，谁都没有好脸色，而且总是拿最难听的话刺激孩子。结果，弄得亲子关系非常紧张，家里的空气仿佛凝固了一般，简直让人透不过气起来……

这都是为什么？我们该怎么办？建峰父母带着这样的困惑开始了心理咨询。

这个家教案例，让人不由得想起那句话——成才先成人。或许，不少人以为这不过是一句流行的口号，一句无用的空话。其实，这是一个真实不虚的道理，是一个人才成长的真谛，是一条心理发展的铁律。

建峰小时候就成了远近闻名的童星，可能确实天资较好，有较好的智力潜能。但是，父母却忽略了对他进行做人的教育、人格的教育及非智力因素的培养。结果，用父母的话说，“同龄人有的能力和品质他都没有”，正是因为缺少这些东西，让他的智力潜能没有得到很好的开发，让他的童星之光过早地黯淡了。

建峰的心理问题，其实是人格问题，是一种人格偏差，或者说是一种人格扭曲，是由于非智力因素与智力因素发展的不均衡造成的。不善自理，不会负责，自我中心，意志脆弱，惧怕挫折，建峰的这些不良的非智力品质，或者说人格缺陷，归根到底，都是畸形的家庭教育的恶果。

建峰的家庭教育问题出在哪里？

不论是起初的娇宠，还是后来的暴力，其本质是一样的，都是只注重成才教育，忽视了成人教育，只注重智力因素的开发，忽视了非智力因素的培养。起初的娇宠，已经阻碍了孩子非智力因素的发展；后来的暴力，更加扼杀了孩子非智力因素发展的一切可能。父母一心只想着孩子成才，对孩子成才的期望过高、过严、过急、过于心切。结果，因为非智力因素的欠缺，成才的希望也破灭了。这是我们在家庭教育上一个较为普遍性的误区。

由于这样的家庭教育，建峰的非智力因素没有得到发展，最终智力因素也受到了抑制。建峰目前的状态，折射的是他陷入困境又找不到出路的内心困扰与混乱。

建峰的问题确实很难立刻得到快速的解决，但也不是毫无办法。首先，父母要改变自己，进而改善亲子关系，改善家庭气氛，才能带动孩子的改变。有些问题先搁置起来，尤其是把学习、考试先搁置起来，先促成孩子尽快走进校园，再逐步帮助孩子减轻压力，调整自我期望。等孩子心态稳定了，再慢慢改善人格，培养非智力因素，对做人教育进行补课。两次咨询之后，有了初步的可喜效果。父母说自己的心态、亲子关系及家庭氛围都有所改善，亲子之间有了交流，孩子情绪也比较平稳，能去上学了。看来，父母确实在努力改变自己，并且已经初见成效。接下来，父母还要继续努力改变自我，改变教子观念，来推动孩子的改进，帮助孩子学习自理、学习自立、学习生活、学习做人。当然，这是一个循序渐进的家庭教育补课的过程。希望这样的补课，能够对建峰的人生有所补救。

为了避免再次出现这样的悲剧，我们任何时候都不要忘了：成才必须先成人。

## 与教师共同深入探讨

建峰从小就被当成一颗耀眼的童星。可耀眼的星光很快就黯淡了、消散了、泯灭了。这是为什么？这是因为父母光顾着教孩子成才，忘了先教孩子成人，用心理学的话来说，家庭教育只重视智力因素的开发，而忽视了非智力因素的培养。

建峰的故事再次警醒我们：成才必须先成人，不能成人怎能成才？

该警醒的难道只是我们的家庭教育吗？

不，这绝不单是家庭教育的悲剧，这是我们整个教育的悲剧。只重视智力因素开发，而忽略非智力因素培养，只顾了教孩子成才，而忘了教孩子做人，这种忘了教育根本的极端糊涂的教育观念，正在侵蚀着我们的家庭教育，侵蚀着我们的学校教育，侵蚀着我们民族的整个教育。

心理学告诉我们，一个人成才与否不完全取决于智力因素，它取决于智力因素与非智力因素的相互作用。其中，智力因素直接参与对客观事物的认知及处理各种内外信息的具体操作。智力因素包括感知、记忆、思维、想象等。非智力因素对智慧活动具有动力和调节作用，它们不直接参与对客观事物的认知及处理各种内外信息的具体操作，而对智慧活动起始动、维持、强化、定向、引导和调节作用。非智力因素包括动机、兴趣、情感、意志、性格等。

心理学的研究结论是，一个人成才的过程是智力因素与非智力因素相互影响，又以非智力因素起决定作用的过程。

心理学上，一个人的智力水平用智商表示，相对应的，非智力水平可以用情商来表示。智商和情商对一个人成才各起多大作用？有人说：智商决定人生的20%，情商决定人生的80%。我们不必拘泥于具体数字，但应看到数字背后揭示的规律：情商对人生的成功所起的作用比智商更重要。这个“更重要”的作用在于，人的智力因素要得到很好的开发，必须依靠良好的非智力因素。也就是说，一个孩子学会了做人，有了良好的非智力因素品质，天资才能得到很好的开发，才能真正最终成才，即便成不了天才，也必会成为有用的人才；反过来，如果没有学会做人，没有形成良好的非智力因素，天资再好也难成才，甚至难成人。总之，还是那句话，成才先成人，人才，人才，成人应该始终排在成才之前。

明白了这样的道理，作为教师，在我们的教育教学工作中又该如何践行呢？

# 7. 男孩崩溃为哪般

## 心理案例：孩子要彻底崩溃了！

今天，坐在我面前的来访者，是从外省远道而来的一对母子。男孩是一所重点高中重点班的学生，高高大大却表情漠然，看得出对心理咨询的无所谓。母亲是一位中学教师，看上去很有气质、很有修养，可紧蹙的眉头却掩不住内心的急切和焦灼。

刚刚落座，母亲就急不可待了："您可救救孩子吧。我的孩子要彻底崩溃了！"

我递过一杯水，说："不急，我们一起想办法，先说说是怎么回事？"

母亲稍稍平静了一些，说："大约两个月前，也就是期中考试后的一天，孩子因为身体不适请了两天假。没想到从此孩子就再也不想去上学了。我和孩子谈了很多，也请老师和他谈，请亲朋好友和他谈。孩子也曾有过几次答应去上学，可到了当天又不肯去了。看得出，孩子也挺痛苦，常常把自己关在房间里，不肯出来，更不肯见人。最近我和孩子谈，谈上学的意义，谈不上学的危害。一谈孩子就大哭，说自己要崩溃了，不让我说了。吓得我也不敢说了，只好把担心、害怕藏在心里。

"孩子这是怎么啦？没办法，我们在当地做过心理咨询。可是，孩子说就像学校里的老师和他谈话，感觉不但没管用，反而让他压力更大，无论如何不肯再去了。后来看到您的书，感到您可以帮助我们，可是孩子已经开始排斥心理咨询了。我做了好多工作，他总算答应来访。

但是您看得出来，孩子来得有多不情愿。

“对了，我和孩子爸爸很早就离婚了。为这，我心里总觉得对不起孩子，总想要好好补偿孩子，就加倍地爱孩子。可以说，我的全部心思都放在了孩子身上。我知道，我对孩子呵护得太多了，甚至有些娇宠，生活上从来不让孩子受委屈。就是孩子上高中了，我还每天开车接送上下学。我不知道，自己这样是不是影响了孩子？”

一个高中生，因为身体不适请了两天假，竟然由此再也不想去上学了。这究竟是怎么回事？这个男孩究竟出现了怎样的心理障碍？

在心理咨询实践中，求询者和咨询师合作得不好，不能简单地归结为咨询师的水平不高，用专业术语说是因为双方不匹配。看来，因为男孩和前面那位咨询师不够匹配，因而，男孩对咨询师以及心理咨询产生了排斥心理。这让我意识到，化解男孩的排斥心理，取得男孩的接纳，是我们合作成功的第一步。

于是，和男孩单独会话时，一开始我就尽力营造轻松的氛围。并通过具体事例让男孩切身感受到，我们的咨询会话跟师生谈话的不同：一是平等宽松，二是保密安全。男孩意识到可以尽管实话实说，防御心理消除了，露出了轻松的笑容，我们开始进入正题。

进入正题后，男孩说不知从何说起，让我先问。于是，我们的会话从我的问题开始：“听说你出现症状是期中考试后，期中考试考得不好吗？”

没想到男孩回答说：“我期中考试考了第一名。”

我没有掩饰自己的意外：“那你平时的考试成绩呢？”

男孩的话多起来：“平时也是排在前10名吧。是这样的。我从小到大没经过什么挫折。我的成绩是从小学到初中、从初中到高中，一步比一步好。我并不是个很努力的学生。小学的时候，妈妈不管我的学习，我的成绩也就中游。到了初中妈妈说要努力了，给我压力，我的成绩就到了上游——班里前 10 名左右。进高中后好像自己知道努力了，成绩进一步提高，从入学时候的全校 200 名前进到前 10 名，后来又到了前三名，还经常考第一名。为此，我还得到过‘进步之星’奖。可我特别讨厌这个奖！”

我笑了：“你是说，‘进步之星’，意味着自己过去不太好，是这样吗？”

男孩点头：“是，是这样。”

我对这个男孩有了初步的了解，又接着问：“那请了两天假后为什么不去上学了呢？”

男孩开始完全放松地与我交流了：“是这样的，从上高中后，我几乎没请过假。这之前我只请过一次假，那次是一天。当天晚上很早就请了老师给我补课，到晚上 11 点多，总算把那一天的三门主课都补上了。第二天我就去上学了。”

“你是说，这样就感觉虽然请了一天假，但是没有耽误课？”

男孩仿佛遇到了知音，再次点头：“是的。这次我请了两天假，第二天晚上也请老师来补课了。可是，两天的课一个晚上怎么补得上？高二都是新课，补不上的课，我上学去了怎么能接得上？接不上课，我到学校怎么学习呀？就这样，第三天没敢去学校。可是这样一来，落下的课不是更多了吗？就更不敢去学校了。就这样，越不敢去上学，落下的课越多；落下的课越多，越不敢去上学了。落下这么多了，是彻底补不完了！我可真是全完了！我怎么办啊！在这种情况下，家长和老师还是只说学习，那位心理咨询师也和老师一样，给我讲学习的大道理，让我更加崩溃了。”

“你是说感到自己没希望了？”

“落下这么多课，我还有什么希望？”

“知道落下课不好，就赶紧去上学吧？”

“可是我还怎么去上学啊！就说考试吧，我们学校考试时是按名次先后排座的。我每次考试都是在第一个考场，总是坐在前几个座。现在落下这么多课，不得一百多名往后啦，甭说前几个座，就是前几个考场，都没我的份了，我还怎么参加考试？我还怎么面对那么多同学和老师的眼睛？在家里，开始我还坚持补课，可是后来反正也补不上，我也不想补课了。就开始玩，玩电脑、玩手机、玩游戏，可是，我并不开心，我不知道自己该怎么办？有时候简直不想活了……”

至此，我们不难看清男孩心理障碍的关键所在了。这个男孩心理障碍的关键，是人格的不成熟，是意志的薄弱，用通俗的话说就是，赢得起输不起。

从学习方面说，这是一个聪明的男孩，一个要强的男孩，一个在学习上一路成功的男孩。你看他，一个进步接着一个进步，一个成功接着一个成功，从小学到初中，从初中到高中，这样一步步走过来，他从来没有经历过失败，他不知道失败是什么滋味，他没练出来面对失败的功夫。

从生活方面说，由于单亲这种特殊的家庭结构，过多的母爱，过多的呵护和娇宠，也让男孩享受了过多的顺境，没有得到应有的抗挫折能力的锻炼，不知什么叫挫折，更不知道什么叫迎难而上、愈挫愈勇，面对困难和挫折，只会逃避和退缩。

因此，这个男孩只能面对进步和成功，不能面对挫折和失败。“进步之星”这个荣誉，让他特别讨厌。因为，“进步之星”，虽然说明他有了重大进步，但同时也说明，他曾经有过落后和失败。连这都难以面对的男孩，突然面对因为缺课可能导致的重大挫折时就更加难以承受了：返校上学吧，将面对失败，面对优越地位的失去，于是，感到自己完全没有了希望；不上学吧，又不知如何面对自己，面对未来。如此，怎能不纠结？怎能不痛苦？怎能不崩溃？无可奈何之下，只能躲在家里，用玩来逃避。

这种赢得起输不起的心态，最直接的心理效应，就是自我放大失败感，通过强烈的自我消极心理暗示，最终自己把自己打倒。

为了让男孩领悟到这一点，我讲了跳蚤的故事。相对其身长，跳蚤堪称世界上跳得最高的动物。但是，实验室里的跳蚤，却让我们看到了另外的情形。实验者先把跳蚤放进玻璃杯子中，跳蚤很快轻而易举地跳了出来。然后，实验者在杯子上罩一个玻璃罩。于是，跳蚤每次往上跳时，都撞到这块玻璃罩上。连续多次后，跳蚤降低了起跳高度，每次跳跃总保持在玻璃罩以下。后来，实验者把玻璃罩拿掉，跳蚤再也没有跳出杯子。

我问："猜猜看，跳蚤心里怎样想？"

男孩答："跳蚤想，我肯定跳不出去了。"

随后我又给他讲了一个大象的故事。大象如果使起劲儿来，难以想象有什么东西可以拦住它。但是，马戏团里的大象，却不是这个样子。小时候的象很调皮，很贪玩，所以，驯兽师要用绳子把象拴在木桩上。它们被拴住后也想挣脱。但是，这时候的象力量还很小，经过多次的努力，都没能挣脱木桩。于是，时间久了，象就不再尝试挣脱了，直到象长大了，只要把象拴在木桩上，它就会很安分地听任束缚了。

我问："大象心里又怎样想呢？"

男孩答："大象想，我肯定挣脱不了了。"

"说得好。"我肯定说，"这给我们什么启示呢？回去想一想，我们下次再谈。"

很明显，我们第一次会话是很成功的。因为，第二天男孩在母亲陪同下按时如约来访时，那份热心和积极溢于言表。

这次，男孩有了主动交流，谈了跳蚤和大象的故事给自己的启示，认识到自己的心态跟跳蚤和大象一样，也是自己把自己打倒了。男孩领悟到，就学生的学习效果来说，学习两天不一定就比学习一天的考试成绩更好。课堂听讲是重要的，但是，绝非耽误两天课就没有希望了。所以，因为耽误了两天课就担心全完了，只是自己想象出来的，是消极的自我心理暗示，像跳蚤和大象一样，是自己打垮了自己的信心，自己磨灭了自己的希望。所以，要靠自己赶紧积极自救。

沟通至此，男孩有了很好的领悟，开始寻找心理自救的出路了："我有两个想法：第一是放弃小高考的科目……"

"什么是小高考的科目？"

"小高考的科目就是高考不考的科目，是考察科目。"

"为什么放弃呢？"

"因为，小高考的科目60分达标，达标了就能参加高考。90分以上的，可以在高考总分中加上1分。最近一段时间，也就是我在家里的这段时间，正是学校集中突击复习这些考察科目的时间，开学后就该考了。以前我心里纠结的就是，小高考这些科目，我怎么补得过来？现在我想开了，小高考的科目达标就行，不去挣那几分了。"

"好。第二个想法呢？"

"第二是放弃那个高度……"

"放弃哪个高度？"

"就是不再争年级前几名了。我本来的目标，就是想考我们省的一所重点大学，按照往年的录取线我们学校年级前200名就能考上，我再差也在200名以内，考这所大学肯定没问题。这样，我就可以轻装前进，轻轻松松地念完高中。等到了大学，再进一步发展自己。"

我和男孩再次握手："好得很！这样你就解放了自己，就能够轻装前进，就可以重新找到自己的希望了。而且，一旦压力解除了，结果往往比预期的要好。"

希望的阳光回到了男孩的脸上。有了心理战略的调整，至于心理战术的问题就好说了，我们约定，需要的时候，我们再继续交流。

最后，我和男孩的母亲做了一次详尽的交流。男孩母亲说刚才看了我的书，已经有了很深的反思，听了我的分析后，知道过去对孩子宠得太多，爱得太多，呵护得太多了。因此让孩子心灵不成熟，意志不坚强，赢得起输不起。男孩母亲领悟得很好。问题出在男孩身上，但根源确实在这位母亲身上。男孩母亲表示，一定调整自己，做一个懒妈妈，做一个狠妈妈，学会对孩子放手，放手让孩子锻炼自己。

过年后，果然有好消息传来。男孩母亲拨通心理咨询专线告诉我，开学后男孩已经重新走进了校门，开始了正常的校园生活。我知道，为了这可喜的改变，他们母子一定付出了不少努力。我相信，他们母子也一定会继续努力下去。

## 与教师共同深入探讨

综观这个案例，男孩问题的症结是什么？是逆商低。

什么叫逆商？

我们已经知道，人的智力水平用智商（IQ）表示，相对应的，非智力水平可以用情商（EQ）来表示。心理学告诉我们，情商对人生的发展比智商更重要。

在人的非智力因素中，意志品质是一个重要方面。所谓意志，是人自觉地确定目标，支配自己的行动克服困难，以实现目标的心理过程。意志力是人生道路上的一种强大的推动力，推动人走向成才，走向成功。

在人的意志品质中，最重要的是抗挫折能力。为此，美国的保罗·斯托茨提出逆商（AQ）的概念，也有的译为挫折商。

所谓逆商，就是人面对挫折时，摆脱困境和超越困难的能力。面对同样的打击，逆商高的人产生的挫折感低，而逆商低的人就会产生强烈的挫折感。前面案例中的男孩遇到点挫折就崩溃，心理症结就是逆商低。

在逆商测验中，一般考察以下四个关键因素：控制、归因、延伸和忍耐。控制是指对逆境的控制能力；归因是指对逆境发生原因的判断以及对承担责任、改善后果的意愿；延伸是对问题影响工作、生活或其他方面的评估；忍耐是指对问题的持久性及其影响的认识。由这四个关键因素就不难理解，一个人的发展如何，在更大程度上取决于逆商。所以，当我们说情商对人生发展比智商更重要的时候，其实很大程度上是说逆商对人生的发展更重要。

然而，在心理咨询和教育实践中，我们发现了一个非常普遍的现象：今天的不少中小学生的逆商不容乐观。他们缺乏顽强的意志和抗挫折的能力，心理脆弱得经不住一点点冲击，遇到一点挫折、失败、困难、坎坷、冤枉、委屈，就痛苦得仿佛陷入了绝境：轻者如前面案例中的男孩，赢得起输不起，遇到点挫折和困难就崩溃；重者如我们时有所闻的轻生的年轻人，遇到点挫折和打击，小小年纪就走上了不归路。这种逆商偏低的现象，用个形象的说法形容就是“缺乏精神钙质”。

学生逆商不容乐观，缺乏精神钙质，这能怪学生吗？不能。因为是我们的教育出了问题。当然，首先是家庭教育出了问题，是那么多好心的父母为孩子提供的“保险箱”，“培育”了孩子们像豆芽菜一样脆弱的意志。然而，我们的学校教育也责无旁贷，无需赘言，我们只需扪心自问：在智商、情商、逆商三者之间，我们是不是更偏爱学生的智商？在提高分数和锻炼意志之间，我们是不是首先关注学生的分数？

所以，学校教育应该和家庭教育一起努力，来为中小学生“精神补钙”，锻炼他们的意志，提高他们的逆商水平。

一是让学生经受困难的磨炼。没有困难，就没有意志。每克服一个困难，意志便得到一次锻炼。当然，我们无须有意为学生设置困难，因为人生路上处处有困难；我们也无须有意为学生排除困难，因为孩子有权享受克服困难后的自豪与快乐。我们只需把真实的生活还给学生，他们就会从中得到磨炼。

二是给学生找点“苦”吃。美国和加拿大的很多城市，每年举办“铁孩子”运动会，比赛内容为连续进行长距离游泳、骑车越野和长跑。日本中小学普遍开设锻炼课，在严冬季节里组织孩子身着短衫、短裤进行户外长跑。还有的学校给孩子吃“饥荒餐”，也就是他们祖辈二战后在饥荒年月里吃过的东西，一连吃三天，尽管有的孩子“号啕大哭”，学校也不“心慈手软”。

三是教学生正确对待挫折。首先是让学生明白，人生不如意事十之八九。作为中小学生，理应逐渐对此有所领悟。其次是让学生了解挫折有两重性，既会使人悲观失望，失去前进动力，也会使人激发出更大的意志力量。最后是教学生一些心理调节方法。前面的案例中，正是从这一点出发，提供心理支持的。教师可以直接给学生这样的心理支持，也可以帮助学生接受专业的心理支持。

因此，锻炼学生的意志，培养学生的逆商，为学生的精神补钙，学校和教师也是大有可为的。

第二辑

# 读懂学生怀春心理：

## 春情萌动的日子

## 8．初恋男孩遭遇“被分手”

### 心理案例：她为什么移情别恋？

走进心理咨询室的男孩，帅气中有几分沉闷，阳光中有几分愁容。凭直觉我知道这是一个好男孩。果然，初步沟通后知道，他是个优秀的高中生，是个品学兼优的男孩。这样一个男孩会有怎样的故事？

随着眉头皱起他开始了诉说：“中考后的暑假里，一个女孩加了我的QQ，她原来是我的初中同学，是一个很优秀的女孩。就从那个暑假，我们开始了交往。

“虽然我们考入不同的高中，但联系却越来越密切了。每天放学回家，我们都在网上聊天，总有说不完的话，每天都到很晚了才下线，然后带着甜甜的思绪进入梦乡。后来，我们的秘密被双方家长发现了。家长的干预并没有分开我们，我们只是在交往时更秘密了。

“也许是我们真的有缘，后来我们又搬到了同一个小区，而且两栋楼相距不远。这让我们有了更多的机会。除了网上聊天之外，我们还当起了‘地下工作者’。在我们楼下的地下室外，有一个安装线路用的小闸门，这个谁都不在意的地方，成了我们秘密接头的地点。每天，我把写好的字条偷偷放在那里，她放学从我们家门口路过时偷偷拿走。然后她再偷偷放进她写的字条，我再偷偷取出来。就这样，我的抽屉里，已经收藏了她写给我的好多字条，那里面记录着她给我的鼓励、给我的力量。是的，我们在相互鼓励着，我们也在共同努力着，我们各自都有了很好的发展，取得了很好的成绩。那是我最幸福的一段时光。

“然而，不幸还是降临了。在那个我永远忘不掉的日子，在那个神秘的地方，我和往常一样偷偷取回她留给我的字条，上面的一行字却把我惊得呆若木鸡：‘我们分手吧！’原来，她喜欢上了一个同班男生。为什么会这样！我划破手指写了血书，表达我的真情，放在那个曾经见证我们感情的地方，却不见她取走。我只好找朋友帮我转交给她。可是，朋友转来的她最后一张字条上却只有三个字：‘对不起！’

“她为什么不顾我们的海誓山盟？她为什么移情别恋？

“我是个重感情的人。我真的受不了了！我开始沉沦，每天没精打采，萎靡不振，听不进课，读不进书，写不下作业。随之，学习成绩下降，考试名次下滑，眼看不可救药了。老师发现了，找我谈话，说我真傻。家长发现了，对我发火，骂我没出息。我无言，我也不想这样沉沦下去。可是，我该怎么办？我该怎样走出那段感情？

“您能帮帮我吗？您是不是也说我真傻？是不是也说我没出息？”

在青少年性心理发展的过程中，通常会经历如下几个时期：小学时候的排斥疏远期；初中时候的积极接近期；高中时候的模仿初恋期；大学时候的成熟恋爱期。这个高中男孩，就是经历了一段模仿初恋期的情感历程。

在高中阶段，随着性心理的进一步发展，男女同学开始在拥有共同愿望和理想的基础上，建立了纯真的友谊。与此相伴随的，是异性朋友之间带有情感依恋的相互交往。于是，有些同学就可能进入了模仿性的初恋期。

在模仿性的初恋期，男女同学的交往和感情，与正式的成熟恋爱不可相提并论。这时男女同学的“初恋”，由于其模仿性，也就带来了如下特点：一是行动不自觉。读了爱情小说，看了爱情影视，就可能盲目模仿，行为带有更多冲动性，很少自觉性。二是对象不稳定。这时候的交往对象，虽然不像积极接近期那样广泛多变，也可能是一对一的，但是，依然很不稳定，很容易就把感情转移到新的对象身上。三是感情不持久。说好就好，说坏就坏，轻率地就会“海誓山盟”，却又很容易出现“移情别恋”。于是，给人一种“朝秦暮楚”的感觉，以至时常闹出所谓“情感不专一”的误会。其实，这就是模仿性初恋期的特点。这说明，模仿性的初恋虽不是罪过，但的确还不是成熟的恋爱，只是一种由相互吸引加上盲目模仿的行为，是一种恋爱的“演习”或“预演”。

由于模仿性初恋的特点，分手便是经常上演的故事了。分手，总有一方是被动的。谁遭遇“被分手”，都会使心灵受到重创，陷入迷惘。此时，他们需要的不是批评，而是帮助，帮他们走出迷惘，安顿好自己的心。这便是男孩来访的目的。

面对男孩的问题，我开诚布公地说：“你是个好男孩，因为你是个重感情的人。如果面对这样一段感情的失去，可以无动于衷，那么，也许你不傻，也许你会有出息，却一点也不可爱，而且很可怕了。一个如此无情无义的人，谁敢和他走近？就因为你重感情，所以，马老师很看重你，甚至可以说敬重你。不过，重感情，还要懂感情，重感情的人并非一定要做感情的奴隶，如果懂感情，就可以做感情的主人。”

男孩睁大眼睛看着我：“真的感谢您这样看待我。我就是想要做感情的主人，我在努力控制自己不想这件事，可越是控制越是想得厉害。您说，我该怎样告别痛苦？”

在接下来的交流中，我谈了两点建议：

第一个办法是顺其自然。

在心理学上有个逆定律，人的某些想法，越是不想让它出现，它越是会出现；越是和它斗争，它越是会表现强烈。所以，应有的态度是，如果哪一天又想起这段感情，尽情地回味，不阻止，不控制，顺其自然。时间久了，慢慢就会淡化。如此，也就告别了痛苦。

第二个办法是转换心念。

就是把感情上的纠结换成对认知的探索，如同科学探秘一样，来探索一番那段感情。等你重新认识了那段感情，你也就成长了。那个女孩喜欢上了现在的男孩，也是因为受到邻近性人际吸引规律的影响。人与人在活动空间上的接近，便于形成彼此之间的相互吸引，形成彼此之间的密切关系。想想看，当初她之所以喜欢你，是不是因为你们是初中同学？同样，她喜欢上了现在的男孩，也是因为他们是同班同学。但，这都不是成熟的恋爱，而是模仿性初恋。

随后，我谈到了模仿性初恋的特点，最后说："这样的初恋，不妨叫'初练'，是恋爱的初步演练。'初练'带给人甜蜜，也会带给人苦涩，带给人幸福，也会带给人痛苦，全部意义就在于一个'练'字，练过，经历过，就有了心灵的成长，就为成熟的恋爱做好了心理准备。既然初恋就是'初练'，是恋爱的初步演练，'移情别恋'就成为了必然。因为模仿性初恋的特点，没有'移情别恋'，怎么走向成熟的恋爱？如此说来，你们这个年龄的人，走过初恋之后，谁都要'移情别恋'，走向成熟的恋爱。你说是吗？"

男孩紧锁的眉头舒展开了，说："谢谢您，让我重新认识了我们的故事，我会走过的。"

## 与教师共同深入探讨

不知从什么时候开始，中学校园里男女同学之间萌生的爱慕之情，被人冠之以"早恋"之名，而且口口相传，似乎已成定论。然而，"早恋"实在是一个尴尬的概念。

于是，我们不少成人手中都高举着"禁止早恋"这一挞伐之鞭。有多少家长，有多少教师，一见男孩女孩交往，哪怕是一起谈过一次话，一起走过一段路，写过一封信，递过一个字条，就动辄定性为"早恋"，接下来就是煞有介事地研究如何防治。

其实，男孩女孩之间的感情并不是我们所说的“恋爱”，而是性心理发展到积极接近异性时期的一种自然的感情体验。再说，“早恋”中的“早”是如何界定的？不到恋爱年龄的恋爱为“早”，那么又如何界定恋爱年龄本身？不知从什么时候起，“早恋”这一既模糊又尴尬的概念流传起来。欣幸的是，为适应新词新语产生的现实，而以增加新词语为首要宗旨的最新修订版《现代汉语词典》，却拒收“早恋”进来与“早婚”“早育”为伍。看来，谬误的东西喊的人再多也不会成为真理。

少男少女之间发生的相互爱慕之情，本应该叫做初恋。这种初恋是拒绝世俗的功利主义的，是不考虑婚姻的，是一段纯美的感情经历。初恋是人生第一朵绽开的鲜花，如初升的朝阳一样美好。一个身心健全的人，谁没有过年少时初恋的美好回忆？虽然它像梦一样迷蒙而短暂，但它注入人心的那种温馨、向往，难道不是培养人崇高情操的最好精神营养吗？说句实在话，如果谁在年少时没有过初恋，那是一种人生的缺憾，而且这种缺憾会在人格上留下影响终身的残痕。

不错，初恋是幼稚的。但它如同别的事物一样，没有初始哪有发展？没有幼稚哪有成熟？我们为什么一定要把人类正常的恋爱的初始阶段视之为洪水猛兽呢？人们之所以发明“早恋”这么一个荒谬的概念，就是因为那么多人对青少年的初恋这种客观存在的正常现象，不愿承认，不敢正视，更不想肯定。于是，那么多成人同时举起挞伐之鞭，对青少年的初恋来一个共讨之，同伐之。于是，挞伐之鞭下便有了一幕幕看得见的悲剧，便有了那么多青少年心灵上看不见的创伤。

我们应该怎么办？

我们肯定少男少女的两性感情，并不意味着可以听任少男少女盲目坠入爱河。因为他们到底还小，还不识水性，还招架不住爱河中巨大旋涡的冲击，闹不好会被爱河淹没。我们需要做的是对少男少女的异性交往给予指导，帮助少男少女走过初恋。

如果学生已经遭遇初恋，我们在心理辅导的同时，还应教给学生一些应对方法。

如果学生是被动方，接到对方求爱信号后该怎么办？

一是若无其事。写信的人很可能是一时冲动，如果急于回信，对方可能会误以为你也有意，进而继续。因此，不妨装作若无其事的样子与其正常交往，既不过分疏远和回避，也不过分热情和亲近，要落落大方，不卑不亢。这样久而久之，对方意识到你无意于他，就会“知难而退”了。

二是直接谈话。直接表明自己的观点。在婉言回绝的同时，要明确表示，会珍惜双方的友谊，可以继续保持同学之间的正常关系。要向对方保证，自己会保守秘密，不会将此事告诉别人。可将对方写来的信交还，同时告诫对方，不要再写，否则就要交给老师或家长了。总之，回绝的态度要坚决，方式要恰当，语气要温和。

三是求助他人。比如，请自己信赖的同学或老师，明确表达婉拒之意。

如果学生是主动方，初恋之情来到心中又该怎么办？

一是降温法。初恋之情的特点就在于让人头脑发热，所以，如果哪一天发觉自己开始偷偷地暗恋一个人，降温法是首先可以采取的一个对策。就是最大限度地启动自己的理性，不妨这样警醒自己：初恋虽然美丽，却是一朵无果的花，初恋虽然美好，却是一个青苹果。这样科学理性的认知，可以起到给自己的头脑降温的作用，那份情思也许会悄然飘散，使心灵归于安宁。

二是珍藏法。如果降温法已经无效，爱慕向往之情仍然难以消散，但又没有向对方表白，就可以采取珍藏法了。不必强迫自己忘记这份暗恋之情，可以在闲暇的时候展开想象的翅膀，尽情地自我品味一番。但是，一定要把这份暗恋之情好好地收藏在心底，不付诸初恋的行动。这样既可以免去许多无谓的烦恼，又可以满足心理的需求。

三是冷冻法。如果双方已经有所沟通，已经有了情感的互动，这时候最好是双方协商好，把这份感情暂时冷冻起来。到以后适当的时候，再让这份感情生长起来。

四是升华法。如果双方已经感情很深，就应该拿出彼此负责的态度，相互约定：把青春的热情和生命的能量，投入到黄金时刻的学业中来，成就自己，成就对方，成就彼此的人生，为爱情的大厦奠基。到时候，自然会收获属于彼此的成熟的爱情。

方法有限，爱心无限。心理咨询的实践一再证明，只要我们拿出对学生的真爱，以平等的态度对待学生，学生是渴望来自教师的指导的。

# 9．我守住了“第一次”

## 心理案例：应该怎样看待“第一次”？

一位女孩来信中说：“马老师，我是一名高二女生，有个困惑很久的问题想请教您。

“有一次，同学们在宿舍里谈论到了‘性’的问题。说实话，我们这个年龄的女生，有很多已经失去了‘第一次’。虽说作为90后，思想应该开放，可面对‘第一次’的问题，我心里依然很矛盾。我也遇到过一些男生，在一起的时候他们也想和我……但是，我都极力拒绝，守住了‘第一次’。关于‘第一次’的问题，我也问过一些关系比较好的女友，她们有的认为是很丢人的事儿，有的认为是自己喜欢的人怎样都行，有的认为是无所谓的事儿……

“马老师，我现在真的很矛盾。妈妈对我旁敲侧击过很多次，说如果‘第一次’没有了，这是一辈子的事儿，要被人瞧不起的。可有时候，我又觉得今天这个时代观念那么开放，有没有‘第一次’无所谓。您说，我们究竟应该怎样看待‘第一次’？请您一定要帮助我，期待您的回信！”

事不容缓，我当即给女孩回信：“首先感谢你对马老师的信任，和马老师讨论这样一个非常隐秘的难题。作为一个青春期的女孩，究竟该怎样看待‘第一次’，确实是一个严肃的人生问题。你写信求助，这本身就表明你对‘第一次’这个问题的认真态度，这是值得肯定的。

“首先，有一个问题需要搞清楚。你们这个年龄的女孩，确实有的已经和别人发生过性行为，用你的话说是已经没有了‘第一次’。但是，绝不是‘很多’，恰恰相反，而是‘很少’，就是说，中学女生有过性行为的是绝对少数。这也从一个侧面告诉我们，即便是观念开放的今天，在绝大多数人心里，有关‘第一次’的问题也不是无所谓的，绝大多数人还是非常在乎‘第一次’的。”

随后，我解释了守住“第一次”的意义，以及放纵“第一次”的危害。最后写道：

“总之，马老师支持你守住自己的‘第一次’，等将来把‘第一次’交给自己婚姻中的另一半吧。那样人生会少一份遗憾，多一份幸福。希望听到你的好消息，祝福你！”

## 与教师共同深入探讨

都说男人有“处女情结”，其实女人也有“处男情结”。我们不妨把这种“处女情结”和“处男情结”，统称做“第一次情结”。就是说，通常男女在心理上，都希望婚恋的另一半是处男或处女，都希望对方与自己的性行为是“第一次”。如果此前对方把“第一次”给了其他异性，内心就会非常不是滋味，甚至会导致恋爱和婚姻的悲剧。

“第一次情结”是男女共有的心理情结。“第一次情结”也是男女都要善待的问题。

从心理学的角度来说，“第一次情结”通常是男女之间在婚前性行为上的一道“心理栅栏”，在心理上起着约束婚前两性关系，进而促进和维护婚姻关系的作用。由于“第一次”情结的存在，男女双方才最大限度地调控婚前性关系，避免或减少婚前性行为的恣意放纵。因为有了这个心理栅栏，人们婚前的性行为少了一份放纵，多了一份约束；少了一分轻率，多了一份审慎；少了一份混乱，多了一份有序。不仅在过去是如此，即便是在观念开放的今天，婚前失去“第一次”的女性仍然是绝对少数，更多的还是把自己的“第一次”献给婚姻的另一半。

可以说，“第一次情结”有很大的积极意义，给人们的生活带来的是福音。

首先，“第一次情结”有利于心理健康。心理咨询中发现，因为轻率失去“第一次”，有的人让自己深陷心灵困境，严重影响身心健康，有的人甚至导致婚姻的悲剧。由于“第一次情结”的心理栅栏作用，可以减少这样的心理伤害，维护男女青年的心理健康。

其次，“第一次情结”有利于人格成熟。调控性本能的欲望，约束婚前的性行为，需要坚韧的毅力，需要尊重和负责，需要主宰自己的人格力量。而“第一次情结”的心理栅栏作用，正好可以助长这样的人格力量，推动人格的成熟，促进人性的完美。

最后，“第一次情结”有利于日后婚姻和谐。正是由于“第一次情结”的心理栅栏作用，双方避免了轻率的婚前性行为，也就防止了心理伤害，维护了心理健康，推动了人格的成熟，促进了人性的完美。这必然给未来的婚姻奠定了良好的基础，从根本上保证了婚姻的和谐与幸福。

不容忽视的是，在中学校园，特别是高中校园里，如何引导学生正确对待“第一次”，是一个不容回避的现实问题。作为教师，我们应该给予学生正确的指导。

我们应该引导学生，特别是女生，真正认识到“第一次”的重要性，应该充分发挥“第一次情结”这个心理栅栏的预防作用。在两性交往中，一定要对“第一次情结”有足够的重视，尽量避免婚前性行为的发生。要引导学生认识到，如果盲目地冲破这个心理栅栏，就可能会为此付出惨重的代价。性并不等于爱，不要拿“性”来检验“爱”，也不要拿“性”来套牢“爱”。如果没有爱，仅仅是性本能的放纵，只会自食恶果。任何性的放纵都是与爱相背离的。爱，需要负责，需要尊重。如果彼此真正相爱，拒绝婚前性行为会让对方更尊重你，这也是最大的自尊。引导学生在两性交往的过程中，发挥“第一次情结”的心理栅栏作用，坚定地守住自己的“第一次”，用理智的力量来控制自己的欲望。

## 10．善待“同性依恋情结”

### 心理案例：我是不是同性恋？

一个女孩这样倾诉：“我明明是个女孩，可是我却非常喜欢女生，特别喜欢我旁边那个比我大一岁的漂亮女孩。她在的时候，我很爱呆呆地看着她；她不在的时候，我好像若有所失。当我和她一起玩的时候，我特别开心；当我看见她和别人玩的时候，我心中特别不舒服。在我的心中，她是那样完美，那样有魅力，我常常有一种很想拥有她的感觉。这是为什么？我是不是同性恋呢？我该怎么办？”

一个男孩这样倾诉：“我是一个男孩，却对一个男生感兴趣。这种感觉大概是从初中的时候开始的。那会儿有一个男生很聪明，我经常向他请教问题。而且他肌肉发达，和他在一起很有安全感。逐渐地我们就熟悉了，成了好朋友。可是，后来我感觉有点不对劲——如果我们不在一起我就有点想他。我经常责备自己：你难道想独享他的感情？甚至骂自己：你这不是同性恋吗？”

### 与教师共同深入探讨

怎样解读这样的男孩女孩情感故事？

首先要明确，这样的情感故事，并不是同性恋，而是少男少女的“同性依恋情结”的反映。

从儿童期过渡到青年期的性心理发展过程中，有些青少年要经历一个同性依恋阶段。青少年正处于渴望友谊的年龄，他们急切地寻找知心的朋友。同时，有的学生正处于对异性的排斥阶段；有的学生虽然进入了两性接近期，但迫于舆论的压力，不能大大方方地跟异性同学交往，于是就出现了“同性依恋情结”。

在与同性朋友的交往中，有些女孩子似乎是个“小妹妹”，渴望结识年龄稍长的能保护和了解自己的同性同学，而有些女孩则乐意扮演“姐姐”；有些男孩子似乎像个“小弟弟”，愿意和见多识广的人交往，并特别崇拜有创造性、有独立见解、学业有成的同性同学，而有些男孩则恰好处处像个“哥哥”。这些现象，在青春期都是十分自然的。因为在这个阶段，由于传统文化的影响，异性之间的交往和亲近，最易受到别人的注意和非难，而同性间的接触和亲近，则得到赞许和鼓励。于是，这种同性的友谊也就容易演化成为“同性依恋情结”。

“同性依恋”与“同性恋”的区别关键在于：同性依恋的性倾向只是暂时的混乱，不专门指向同性，而且只有情感关系；同性恋的性倾向专门指向同性，多有性爱关系，而且往往有先天的生物学上的原因。所以，我们不能盲目地给同性依恋戴上同性恋的帽子。有同性依恋倾向的青少年，绝大多数会发展到常态的两性爱慕，不会成为同性恋。

尽管如此，对这类同性依恋现象也不可任其发展。首先，如果不能得到及时的疏导，由于多次的强化，也很有可能发展成同性恋而影响日后的婚恋。其次，同性依恋对青少年的身心发展也会产生不利的影响，容易使其丧失独立性和完整人格。因此，我们要帮助青少年避免或化解同性依恋。一是创造有利于异性交往的宽松环境。二是对青少年进行交友指导。三是发现征兆便及时说服疏导。

然而，在现实生活中，至今还有许多老师和家长对男孩女孩间的异性交往，总是看不惯，总是不放心，而对男孩女孩的同性交往，却极少有人想到有什么不合适。可是，男孩女孩只会和同性交往尤其是同性之间交往过于密切，才是让人真正担心的事。因为，男孩女孩异性间的适度交往，是他们必要的生长环境，是他们性心理发展以及人格发展的阳光和土壤。

人际交往模式的异常，必定会导致人格的异常。作为教师，我们应该给男孩女孩创造适宜的人际交往环境，指导他们形成健康的人际交往模式，鼓励男孩女孩之间正常的异性交往。

# 11. 美丽的“恋师情结”

## 心理案例：一个男孩心中的秘密

心理咨询中，一个男孩这样讲述心中的故事：

“我是一名17岁的高中男孩。教我们英语的是一位年轻的女教师，一位刚从城市来的大女孩。她那美丽的面容，那悦耳的声音，总是给我一种非常舒畅的感觉。从口语对话中，我知道了她是一位刚刚23岁的师范毕业生。渐渐地，她的容貌在我的脑海里定格为一幅美丽的画面：一头长长的秀发犹如一条瀑布飞流直下；一身粉色的连衣裙犹如细柳随风飘曳；一双神采飞扬的大眼睛，既像两汪明澈的清泉，又像深蓝的天空中镶嵌的一对明星……

“因为她，在课堂上我的眼睛一眨不眨，看她微微抬起右手写板书的动作，每一个动作都是那么优美，竖起耳朵倾听她的每一句话，每一句话都是那么动听。因为她，我每节课都向她问问题，只有这样，才能近距离地听到她的声音，更可以闻到她身上淡淡的清香。因为她，课下我拼命做英语习题。我不知道这是师生之间的爱，还是朋友之间的爱，还是……靠自身的努力和她的精心辅导，我的英语成绩真的突飞猛进了。

“一次，我写了一篇关于她的文章。在文章中我稍稍透露了对她的倾慕之情。因为这篇文章，我被叫到了校长办公室。校长给我上了一堂‘思想教育课’。就是在校长办公室里，她读到了我的作文以后，我第一次看见她脸红了，红彤彤的，很好看。最后，我回到教室里，面对同学们的哄笑，我也脸红了。

“此后，上课的时候，我再不敢抬头看她。无论她的课讲得多么好，我只埋头看书。下课的时候，我再也不敢接近她，在食堂或操场碰到她，只是绕道而行，有了问题也不敢问她。我不是怕自己受到批评，我是担心学生的议论对她有不利影响。毕竟她还是一位未婚女孩，毕竟她是我的老师。如果我再不控制自己，我就是罪过了。

“这样煎熬的日子持续了半个学期。到期末，考试成绩下来了。让我吃惊的是，在这半个学期内，我的英语成绩竟然由班里第 2 名退到第 78 名。她连续找我三次，要和我谈谈。我都拒绝了。但是，她最后还是命令我去和她好好谈谈。这次不在办公室里，她把我叫到了她的宿舍。在这个房间里，我们谈了很长时间，我告诉她，我的梦想是考上复旦大学。最后我鼓足了勇气对她说：“老师，我爱你！”只是，这句话一出口，我就不知所措了。而她也再次脸红了。然而，很快就有泪水顺着她美丽的脸庞静静地流了下来。

“第二天，第一节是她的课。我再次抬起头，看见她的脸上虽然没有了泪水，眼圈却是红红的。这时，她从衣袋里拿出一张照片说：‘谁能在三年后考上复旦大学，我就把这张照片送给他。这张照片上有我的签名和联系方法。’听了这话，我不由得一振。我知道，老师这句话的分量，我知道老师那张照片的用意。于是，我又拿起了英语课本……”

## 与教师共同深入探讨

尊敬老师，热爱老师，喜欢老师，这是学生应有的感情。但是，在中学的校园里，常常有些学生对老师的感情超出一般的师生感情，出现了一种叫做“恋师情结”的感情。

总体来说，恋师情结是青少年性心理发展特点所致。国内外心理学的许多研究认为，在青少年性意识发展的历程中，不少青少年都要经历一个向往年长异性的阶段，有人称之为“英雄崇拜”，有人称之为“牛犊恋”。在这个阶段，青少年着迷于所向往对象的一举一动，并将该对象偶像化，对其具有强烈的精神依恋。“英雄崇拜”“牛犊恋”的说法形象地揭示了其向往的对象年长性的特点。成为青少年迷恋对象的人，往往是青少年周围年长的异性，因其或是容貌，或是才识，或是能力，或是人格，具有强烈的吸引力，便引发了青少年独占性的爱情需求。如果这种感情发生在学生身上，是学生对老师的依恋之情，我们就把它称为“恋师情结”。

具体说来，导致恋师情结的诱因可以从两个方面看。从教师方面看，在学生接触最多的年长者中，除家庭成员外，便是教师。一般说来，教师在德、才、识诸方面发展又较好，足以为学生所效法。因此，教师很容易成为正处于思春期学生的爱恋对象。从学生方面看，心理上出现恋师情结的同学，往往性格上有较强的依赖性，独立性比较差。由于千百年来传统性别角色意识的影响，在女性身上至今还留存着较强的依赖性。因此，在女生身上更容易产生向往年长于自己的男老师的恋师情结。再者，有的学生由于某些情感需要的匮乏，比如有些女生缺少父爱，有些男生缺少母爱，都可能会通过恋师情结获得替代性的补偿。

应该怎样对待恋师情结？由于师生间存在的诸如年龄、阅历、经验、角色等差异，而且恋师情节往往有寻求父母之爱的成分，因此这种恋情更多的是单向的暗恋，并不能发展为正常的恋爱关系。也就是说，恋师情结是一枝美丽的花，却是一枝难以结果的花。

我们应该给学生以心灵的导引，让学生切身领会到：如果自己的心中萌生了一份美丽纯真的恋师情结，最好是让它悄然化为人生的一种动力，帮助自己走向成熟。因为一旦说出口来，除了让彼此品尝无谓的苦涩，还能收获什么呢？至于未来，就让未来的日子来证实好了。谁能料定你未来的爱是怎样的色彩？更何况爱决非一厢情愿。日后，果真心中那份恋师情结化为成熟的爱，果真依然两厢情愿，再来收获爱也不迟。不是吗？

教师还应该警醒且宽容、理智且负责地应对学生可能出现的恋师情结。可以这样说，在中学特别是高中，几乎每一间教室里，几乎每一次课堂上，都可能会有学生对老师产生这样的“心驰神往”。心理咨询的实践一再证实，不管你是男教师，还是女教师，不管你是青年教师，还是中年教师，不管你是自觉才貌出众的教师，还是自愧才貌平平的教师，在学生眼里都可能会魅力无限，成为学生迷恋向往的对象。

作为教师应该怎么办？前面那个男孩是幸运的，他遇到了一位好老师。这位年轻的女教师以自己的照片相许，也许未必是上策。但至少既维护了男孩的自尊，又激励了男孩的学业。这份善意如此难能可贵，使她无愧于教师的称号。这启示我们，不论怎样处理，对学生负责是最根本的。

# 12. “留守儿童”与“恋师迷情”

## 心理案例：男孩女孩的恋师迷情

案例一：一个男孩说：“记得还是很小的时候，爸爸妈妈因为工作忙，把我寄养在姥姥家，我只有放假的时候才能见到爸爸妈妈。虽然姥姥姥爷都很疼我，但是，我还是非常想念父母，特别是想妈妈，我常常感到很孤独。

“幸运的是我遇上了一位好老师。她是我们的班主任。我从心里喜欢她。她很爱笑，笑起来好看极了。我平时喜欢写日记，她就经常给我写评语，比如，‘不以物喜，不以己悲，抬头看远方，胜利属于你！……’到放假的时候，我就把那些评语剪下来珍藏。有一次春游，我和她照了一张合影，我也把这张照片珍藏起来。就这样，我在不知不觉中暗恋上了她。

“后来我发现她对我越来越冷淡了，我不知道是怎么回事，脑子里一片空白。在这岔路口上，我不知道是该继续追寻，还是该选择放弃？”

案例二：一个女孩说：“从小我就对老师有一种特殊的期望。我总期望他们对我再好一点，期望他们特别关心我。就在这时，外语老师出现了，她帮助我、安慰我、关心我，成了我最喜欢的老师。我总想和她紧紧地依偎在一起，以一个女儿的身份去关心她、去爱护她。我的父母常年在外打工，我和父母特别是和母亲从来没有好好说过话。在我的心里一直把外语老师当成母亲一样看待，从她身上可以得到母亲给不了我的那种温馨的感觉。一年多的时光过去，我发现我对她爱得越来越深了。

“还有，我对一个男老师也有这种特殊的爱。我最大的奢望，就是希望有一天他能够明白我的心意，对我能够像我对他那样，然后我们能够像情侣一样手牵着手走在灯光明亮的大街上，这就是我幻想的最圆满的结局了。我知道，这样的奢望是不可能实现的，因为我们的年龄相差太大，而且他对我和对别的学生也没什么不同。我听说，他非常爱他的妻子。我经常为此而伤心……”

## 与教师共同深入探讨

乍看起来，这些迷情故事，就是恋师情结的演绎。但是，为什么这些男孩女孩出现恋师情结？有一个非常重要的因素不能忽略，那就是他们都是“留守儿童”。他们的家庭生活异常，亲子关系异常，心灵严重缺失亲情，从而导致了两性关系心理异常，具体表现为恋师迷情。

留守儿童的亲子关系异常及亲情缺失，为什么容易导致两性关系心理异常？

一个是因为亲子三角关系情结没有被正常化解。人的性心理发展过程中，大约在四五岁的时候对两性差异开始关注，对不同性别的对象有了不同的情绪反应。这是性心理发展最初的萌芽阶段，叫做“性蕾期”。这种性心理现象，首先表现为对父母的不同感觉，孩子会通过与异性家长的亲近来获得某种心理的满足。女孩会对父亲撒娇，排斥母亲；男孩会与母亲亲近，害怕父亲。于是，就出现了“亲子三角关系情结”。随着年龄的增长，大约在 6 ~ 11 岁时，性心理发展进入“同性期”，最鲜明的特征是，只愿意和同性朋友交往，而排斥异性朋友。于是，孩子开始向同性父母学习。男孩会逐渐与母亲疏远，而与父亲亲近，向父亲学习如何成为男人；女孩也不再与父亲过分亲密，而与母亲亲近，向母亲学习如何成为女人。所以，大多亲子三角关系情结会随着不断成长而逐渐被化解。但是，留守儿童由于与父母长期分离，三角关系情结就可能得不到及时化解，进入青春期后就会表现出两性关系心理异常。

一个是因为补偿心理情结的作用。爱、安全、归属，是人很重要的心理需要。如果这些需要不能获得常规满足，人就要寻求补偿性的满足。留守儿童，由于父爱母爱缺乏、亲情缺失，内心会有强烈的不安全感。这种缺失感和不安全感，造成了一种强烈的补偿心理情结。这种补偿心理情结，如果不能获得及时的满足，进入青春期后就会表现为两性关系心理异常。我们通常看到的恋师情结，大多是由于情感的需要没有得到满足，比如有些女生缺少父爱，有些男生缺少母爱，他们就会通过恋师情结来获得替代性的情感补偿。

孩子已经到了青春期，如果亲子三角关系情结没有被化解，如果补偿心理情结没有获得满足，就会出现两性关系心理异常。如果是女孩，就会像第二个故事中的女孩那样，继续爱慕父亲型的男人，特别是已婚的男人或比较成熟的男人。如果是男孩，就会像第一个故事中的男孩那样，继续喜欢与母亲角色相似的女性，特别是已婚的女人或比自己大的女人。有的女孩或男孩，还会像第二个故事中的女孩那样，对年长的男女都有所依恋。而且，这种情况如果不能得到及时补救，这些男孩女孩将来面对婚恋关系时也会出现感情的错位。

不仅如此，有些男孩女孩之间的相恋之情，其实也未必是爱情，而是因为亲子关系异常和亲情缺失，导致的替代性的情感补偿。因此我们看到的，有些所谓早恋的中学生，往往是因为亲情缺失，其中有的就是留守儿童。

这个问题，当然首先是家庭教育的问题，但是，看看校园里的留守儿童，我们教师可以做些什么呢？

为了避免或减少留守儿童在家庭生活中的亲情缺失，我们可以发挥教师的影响作用，在多给留守儿童心灵关怀的同时，也给留守儿童的父母可能的指导和建议。我们至少可以给他们的父母提两条建议：一是尽量避免和孩子长期分离。如果孩子的两性心理陷入误区，甚至影响了孩子的整个人生，为孩子挣再多的钱又有什么用？怎样为孩子多多挣钱，怎样让孩子好好成长，父母要权衡好利弊得失。孩子的成长不光需要钱，更需要亲情。所以，父母应该尽量避免与孩子长期分离。外出打工，可以就近，可以时常回家，甚至可以带着孩子。只要观念问题解决了，办法总比困难多。二是创造条件增进和孩子的联系。不论把孩子托管给谁，都不要忘了自己是孩子的父母，不要忘了和孩子的亲子联系。实在不便回家，就让电话来传递亲情。

# *13*．与爱无关的“高三恋情”

## 心理案例：我们的感情是爱情吗？

心理咨询中，一个女孩这样讲述心中的故事：

“我是一个高三女孩，我现在非常烦恼。让我烦恼的是，我偏偏在这个特殊时期遭遇了爱情。在高一的时候，我就看到有的同学开始了地下恋情，有的甚至公开拉手。但在高三之前我却从来没有遇到过那种爱情故事。

“可是，高三开学不久，一个男孩却和我走近了。他叫阿朋，由于常在课间聊天，我们熟悉了。从非洲难民到球王贝利，从学校自行车到他未来的老婆，他都很能侃，和他在一起不愁找不到话题。我们也经常因为一个小问题而发生‘战争’，然后他就说，‘君子动口不动手，有本事咱们说，看谁说得过谁！’和他吵架，我从来没有占过上风，常常被他‘嘲弄’一番，‘战斗’结束后，他再哄我，逗我开心，让我没有生气的机会。开玩笑的时候，他会叫我老婆。我不开心的时候，他会逗我开怀大笑，他还会给我买爱吃的零食……我好像离不开他了，每天我都想和他像以前那样‘大战’一场，更希望我们能坐下来轻松地聊天，让他逗我开心，特别是紧张的学习之后，或者应考之前，我总是希望能够和他在一起海阔天空地聊天。和他在一起的时候，我总是那样轻松，那样开心，那样无忧无虑……但是现在我不能再这样做了，因为总有人说闲话。我不知道他是不是喜欢我，我也不知道我对他的感情是对好朋友那种呢，还是我喜欢上了他？我不知道！我只知道和他在一起的感觉很好！

“可是，我们正值高三这个特殊时期。为什么偏偏在这个时候，让我对他是那样的依恋？我们的感情是爱情吗？我这到底是怎么回事？”

## 与教师共同深入探讨

在心理咨询中，经常可以听到发生在高三男孩女孩身上这样的感情故事。这样的感情故事有一个共同的名字——“高三恋情”。这样的故事中的主人公有一个共同的困惑——这样的感情是爱情吗？

“高三恋情”与青春期心理密切相关。就是说，这样的感情故事，肯定有青春期两性吸引的成分，与男孩女孩性心理正处于积极接近异性的时期有关。但是，这不是问题的关键，或者说，这不是“高三恋情”的心理实质。

那么，“高三恋情”的心理实质是什么？“高三恋情”既然是发生在高三这个特定时期的“恋情”，就与高三这个特定时期的特殊性密切相关。高三这个特定时期心理的特殊性，就是在毕业班的生活中，几乎所有同学都面临着高考升学的压力。有压力，人就会本能地减压。为了减压，人就会有意无意地采取相应的对策，做出相应的反应。每个人对高考压力的反应都不尽相同，但是也会有一些共性。“高三恋情”，便是不少高三同学自我减压的一种潜意识的心理反应。

“高三恋情”为什么有心理减压的功能？

第一，因为异性效应心理。

心理学研究发现，在只有男性或女性的环境里，人容易感觉疲劳，工作效率不高。如果男女比例合理，就会提高工作效率。这就是社会心理学上的“异性效应”。在异性交往中，双方会潜意识地为了取悦对方而表现良好，不约而同地产生愉悦的情感。同时，异性是最好的听众，异性之间的交流，容易使压力得到宣泄，使心理得到慰藉，从而维护心理平衡。这种愉悦的情感，有助于活跃思维，增强记忆，激发活力，提高大脑工作效率。

面对高考压力，男孩女孩的相互交往，也会产生这样的异性效应。所以，不少同学会在无意之间利用高三恋情来自我调解，自我减压。当然，这都是潜意识里的活动。

第二，因为自我设障心理。

我们已经知道，所谓自我设障，就是面临被评价的威胁时，为了维护或提高自尊，而自己做出的对成功不利的言行，这就好比给成功预先设置了一个障碍。在有些同学那里，“高三恋情”就是一种自我设障心理。由于害怕失败，就事先给自己准备了一个借口——我没考好，是因为我高考之前光顾恋爱了。于是，如果失败了，也可以留住面子，如果成功了，就更有面子，从而缓解了焦虑情绪，减轻了心理压力。

很明显，如上的心理机制都与爱情无关。但是，由于这样的异性交往发生在青春期的男女之间，也就难免会诱发青春期的两性吸引，因而被错当成爱情。但是，由于实质上与爱情无关，大多这样的感情都没能演化为真正的爱情。于是，不少男孩女孩又会陷入无端的困惑：我们这是爱情吗？我们为什么会这样？结果，有些男孩女孩不仅没有给自己减压，反而平添了一重心理压力。

所以，我们应该指导走进高三的男孩女孩，要善待“高三恋情”。首先，应该对“高三恋情”有比较理性的认识，看清“高三恋情”的心理实质，不过是不自觉地借助异性效应或自我设障，来进行自我心理减压。当然，不妨适当借助“高三恋情”来缓解一下心理压力。但是，不要过分地依赖“高三恋情”，更不可盲目地把“高三恋情”错当成爱情，弄得减压不成，反而人为地给双方增添了心理压力。其实，面临高三，减压的方式很多，比如户外活动，比如文体活动，比如幽默玩笑，比如冥想放松，比如适当休息，都可以让你减轻一份压力，赢得一份轻松。

## *14*．对教官的情思不是爱

### 心理案例：该怎样看待我对教官的感情?

这是一个高中女孩让人似曾相识的感情故事：

“高中生活开始不久，我们参加了军训。没想到我由此陷入了一个痛苦的旋涡，因为我莫名其妙地喜欢上了我们的教官。

“从小我就向往军旅生涯，所以我对当兵的人非常崇拜。10 天的军训生活，让我仿佛变了一个人，性格也变得活泼了。这一切都因为我的教官。我们班的教官是一位很有军人气质的排长，从我第一眼看到他，心里就有一种莫名心动的感觉，不是因为他有多帅，而是他的那种气质深深地吸引了我。在那几天的军训生活中，那种心动的感觉更强烈了。那天，我去看排长时给了他一封信。没想到他把这封信给另一个女孩看了。我知道后很伤心。那个女孩同时告诉我，排长从一开始就没把我当回事，而且我送给他的礼物也早让他扔掉了。那晚，我辗转反侧，好不容易睡着了，却做了一场噩梦，我哭了，哭得很伤心。从此我发誓再也不去看排长了。第二天中午，我去诊所打针，听说排长也在输液，我没有进去，就走开了。时间飞逝，转眼到了军训结束的时刻，他马上就要走了，我却舍不得让他走。第二天，我们宿舍打算请教官吃一顿饭，最后也成了泡影。因为他们马上要出发，时间紧迫。一直到他走我也没有见到他最后一面。

“现在，我总是恨自己当时没有经常去看看他，我常常看着照片想起他，想起我们在一起的快乐的日子。每当这时，我就陷入烦恼的深渊。“请您告诉我，我这是怎么了，究竟应该怎样看待我对教官的感情？”

## 与教师共同深入探讨

常听有些教师半开玩笑半认真地说，老师教学生几年，还不如军训几天学生对教官的感情深，真是不可思议。多多少少有点吃醋的味儿。

其实，静下心来想想也不难理解。教官与学生的关系不同于师生。教官通常二十岁左右，有的也就十八九岁，与高中生可以说是同龄人。同龄人的心灵有更多的相通之处。同时军训形式不同于教学。军训时教官与学生一起摸爬滚打，一起风吹日晒，也就会有更多相同的生活体验。再说，军训时限与教学时限不同。军训时间短，虽然艰苦，但学生基本是在新奇中度过的。正因为如此，学生们就更容易与教官建立感情，女孩子们也就更容易“爱”上教官了。

这种感情是朴素的、纯真的、无可非议的。但是，绝不是这种感情就比师生感情深，应该说只是表现得更明显、更强烈一些。而且，这样的感情有很大的感染力和冲动性。我们应该指导学生特别是女生看清对教官的感情。

首先，这样的感情里有一种怀春情思。女孩在生命的花季，性心理发展走进了一个新的阶段。怀着一种积极接近异性的渴望，在与异性交往中就会体验到一种朦胧的情思。恰在这个时候，教官走进了他们的生活。于是，有些女孩就把这种渴望和情思指向了教官。这是可以理解的，但这并非真正的爱情。

其次，这样的感情里有一种崇拜心理。在性意识发展过程中，有些青少年会经历一个向往年长异性的阶段，有人称之为“英雄崇拜”。教官自然最容易成为学生崇拜的偶像。因此，也就容易成为怀春女孩的爱恋对象。但是，由于这种感情中往往有许多寻求父兄之爱的成分，而且这种感情更多的是如痴如醉的“单相思”，所以大多不能发展为正常的恋爱关系。

最后，这样的感情里有新奇效应。人们的心理有一个规律，新异性的事物容易引起人的关注，对人有较强的吸引力。多年的校园生活里，除了老师，就是同学，而教官的出现让学生有机会接触了一个全新的异性群体。他们的新异性很自然地吸引了女孩。而军训时间短暂，在彼此还没有真正熟悉了解的时候，军训生活就结束了。也就是说，学生与教官的感情体验有较强的新奇效应。

有了这样的指导，学生就能正视自己的感情了。等学生走出了这个感情的迷津，在以后的日子里就会明白：原来这样的感情不是爱。

# 第三辑

# 读懂学生人际心理：

## 在交往中成长

# 15．帮助别人就是帮助自己

## 心理案例：我最近很郁闷

现在，落座心理咨询室的是个高一女孩。从她的脸上，我明显地看出了两个字——郁闷。果然，我们的对话就从她的郁闷开始了。

女孩说："我最近很郁闷，非常郁闷，不知道为什么。"

来访者常常这样开始谈话，让人感到一头雾水。只有逐步把沟通引向深入，才能发现问题所在。于是，我引导她说："具体说说是怎样的郁闷？"

"我也不知道是怎么回事，就是总想起一些事儿，总是胡思乱想。"

"都想些什么呢？比如……"这个"比如"很重要，常常可以把问题具体化，以便对问题作出确切诊断。

"比如，我总是想，为什么有的同学说我骗人？"女孩开始说出具体问题了。

"同学为什么这样说呢？"我问，"发生什么事情了吗？"

"是这样的，"女孩开始讲述她的故事，"有一次，一个同学问我一道题怎样做，我看都没看就说不会。她说，你看了吗？你先看看。结果，我仔细一看是自己会做的。就这样，别人知道了这件事，就说我骗人。我没有想过骗人，他们怎能这样说？就因为这样的问题，让我和同学的关系出现了麻烦，让我常常心情不好，我总是想这些问题，总是心情郁闷。"

原来，女孩是因为人际关系遇到的麻烦，而郁闷不堪，而胡思乱想。这时候的胡思乱想，内心往往是一种归因冲突：怪别人，还是怪自己？为了帮助女孩正确归因，我问道："那么，别人问你问题的时候，你为什么说不会？"

"这道题，我考试时就答错过。"

"同学问你的时候已经是考试过后，为什么连看都没看就说不会呢？

女孩沉默了。

我继续说道："打个比方，你找马老师问一个问题，我连看都没看，就说不知道。你是什么感觉，你会怎样看马老师？"

"我会觉得马老师对我不热情，不想帮助我，说不知道只是借口。"

"那么，你理解同学为什么说你骗人了吗？"

"理解了。"女孩转而说道，"可是，我不是故意的。"

"马老师知道你没有故意骗人的想法。"我肯定说，"但是，为什么自己连看都不看，就说不会呢？刚才说过，好比你来找马老师问问题，马老师说不知道。虽然我不是故意骗人的，但是，连看都没看，就说不会，这反映了马老师什么心态呢？"

"对我不热心，不愿意帮助我。"

"那么，你连看都不看就对同学说不会，别人会认为你是什么样的心态呢？"

"也是不愿意帮助他。"女孩说，"可我没有这样想过。"

"是的，你是没有这样明确的想法。但是，如果有足够的助人热情，还会随便张口说不会吗？"

"不会的。"女孩摇头说。

"就是这样。"我解释说，"这就是说，当我们勇敢地直面自己内心深处的时候，我们会发现，之所以对别人的求助随便说不会，说到底还是因为我们不知不觉间缺乏帮助别人的热情。这种不知不觉间发生的心理活动叫做潜意识。"

"我知道了，虽然我似乎没这样想，但心里还是缺乏帮助别人的热情。"女孩领悟地说。

"对。"我肯定女孩的领悟和勇气，"如果对帮助别人有足够的热情，别人再问你问题时，你会怎么办呢？"

"我会先仔细看看，研究一下。会，就告诉别人；真的不会，再说不会。"

"领会得很好。"我表示了肯定，随后话锋一转，"还有更重要的一点——想想看，这样研究之后仅仅是对别人有好处吗？"

女孩想了想说："不，对我自己也有好处。"

"会有哪些好处呢？"我要引导女孩真正体验到这种好处。

"可以加深对问题的理解，还可以加深记忆。"女孩眼睛一亮，"我有过体会，给别人讲过的东西最不容易忘。"

"好，刚才我们交流得很好。"我总结说，"那么，想想看，通过今天我们的交流，你得到了一个什么启示呢？"

女孩想了想，笑道："其实，帮助别人的同时，也帮助了自己。"

"对，很多时候，帮助别人就是帮助自己。"送别的时候我说，"希望我们今天的交流，对你处理同学关系有所帮助，也能帮你心情不再郁闷。"

起身告辞的时候，女孩脸上的郁闷已经消散，原来这是一个很阳光的女孩。

## 与教师共同深入探讨

望着女孩的背影，我想到了这样一个故事。

在荷兰有一个小渔村。由于整个村庄都靠渔业维生，自愿紧急救援队就成了重要的组织。在一个月黑风高的晚上，海上的暴风吹翻了一条渔船。在紧要关头，船员们发出了求救信号。救援队的队长看到了信号，迅速组织村民们进行救援。当救援的皮划艇与汹涌的海浪搏斗时，村民们也毫不懈怠地在海边举起灯笼，照亮他们回家的路。

过了一个小时，救援船穿过云雾再次出现，欢欣鼓舞的村民们跑上前去迎接。当救援队员筋疲力尽地抵达沙滩后，救援队队长无奈地告知迎上来的村民，救援船无法承载所有的人，只得留下其中一个人。再多装一个乘客，救援船就会翻覆，所有的人都活不了。在忙乱中，队长要另一队自愿救援者去搭救最后留下的那个人。

16 岁的汉斯应声而出。他的母亲抓着他的手臂说："求求你不要去，你的父亲 10 年前在海难中丧生，你的哥哥保罗 3 个礼拜前出海，到现在音讯全无。汉斯，你是我唯一的依靠呀！"汉斯回答："妈，我必须去。如果每个人都说'我不能去，总有别人去'，那会怎么样？妈，这是我的责任。当有人需要救援的时候，我们就得轮流扮演这个角色。"汉斯吻了吻他的母亲，加入自愿救援队，消失在黑暗中。

又过了一个小时。这一个小时对汉斯的母亲来说，无比难熬。最后，救援船驶过迷雾，汉斯正站在船头。站在岸边的队长把手围成筒状，向汉斯喊道："你找到留下来的那个人了吗？"汉斯高兴地大声回答："我们找到他了。告诉我妈，他是我哥保罗！"

这故事不知触动了多少人的心弦。不错，我们都不是圣人，我们都会考虑个人利益，也应该考虑个人利益。但是问题的关键在于，帮助别人的同时也就帮助了自己。

是的，爱别人就是爱自己。爱，好比一颗种子，只要播撒了爱的种子，一定会收获爱。如果我们和我们的学生悟透了这一生活的真谛，我们的人际关系岂不就会多一些和谐？我们的心灵世界岂不就会多一份快乐？

# 16．当心“人际气泡”的拥挤

## 心理案例：两个人太好了也不自在

小丽走进心理咨询室，有几分着急地说：“马老师，我遇到了难题，想请您给予帮助。”

“不用着急。说说看，遇到了什么难题？”我笑着请她坐下讲。

“我是初二的，和班上的一个同学关系非常好，她是我最要好的朋友。我们形影不离：上课是同桌，下课在一起玩，无话不说，无事不谈，彼此都知道各自心中的秘密。大多数时候我感觉是挺好的，可是，有时候我觉得两个人太好了，也有点不自在，不舒服。这是怎么回事？”小丽一脸的困惑。

听到这里我笑了：“你的感觉很有道理。你这是‘人际气泡’受到‘挤压’的感觉。”

“什么是‘人际气泡’的‘挤压’？”小丽的问题脱口而出。

从心理学的角度看，心理相容是建立良好人际关系的重要条件，而促进心理相容的途径之一就是彼此缩短心理距离。从这个角度来说，两人彼此之间的心理距离小是件好事。小丽已经体验到了这一点。

可是，物极必反。人际交往中距离太小了，也会令人不舒服。这是因为在人际交往中，每个人都要求独占一定的空间，这样的空间叫做人际空间。由于这个空间像一个大气泡一样包围着一个人，因此有的心理学家就形象地称之为“人际气泡”。距离太近了不能满足彼此人际气泡的要求，人虽然没有挤在一起，人际气泡先感觉到了“拥挤”。人际气泡的拥挤，会使人感到不舒服。实际上，这是人们心理空间受到挤压的反应。人们一方面需要与他人建立密切的关系，另一方面也需要心理上的自由，需要一定的独享的心理空间。小丽说的“太好了也有点不自在、不舒服”的感觉，正是人际气泡拥挤，个人的心理空间被侵扰的结果。

看到小丽领悟得很好，我继续说：“对了，告诉你，有这种‘太好了也不自在’的感觉的可不只是你一个人。因此有的同学抱怨说，我俩本来是好朋友，可他为什么背叛我？其实，哪里是什么背叛，只不过是那个同学的朋友和你一样感觉到了一点‘太好了也不自在’，想尝试拉开一点距离。知道了不少同学都有过这样的困扰，你也就不用太着急了，需要的就是学会保持距离。”

“您说的对，是应该学会保持距离。您说我们具体该怎样做呢？”小丽问。

“为了避免彼此产生像刚才说的‘背叛’一类的误解，你首先需要和好朋友坦诚地做一下交流和沟通，交换一下感受。也许会发现原来你们有同感。这样你们就会共同想办法了。具体做起来有两点建议供你们参考。一个是有些日常活动可以独立进行。不要总是你说什么我说什么，你做什么我做什么。说个笑话，有的同学连上厕所也要好友同行。这就不是交友之道了。”

“您说的不是笑话，在我们同学中确实有不少这样的事。”小丽笑着插话道。

“其实，好友之间彼此独立些，行动上自由了，心理上也就自由了，距离感也就有了，感觉也就更舒服了。

“再一个是调整一下空间距离。心理距离的远近是与空间距离相关的。因而可以从调整空间距离入手。比如，你说你和好友是同桌，就不妨跟老师商量调开一下。这样，心理距离也会拉开一点，感觉也就自在一些。”

“这样会不会影响同学之间的友谊？”小丽对此有点不放心地问。

“不会的。”我肯定地说，“你们既然是好朋友，可以两人沟通好试一试。友谊如花香，越是淡淡的，越让人回味无穷。适度的距离感，才能使友谊更长久。”

过了一段时间，小丽和她的好朋友一同来找我，欢快地告诉我：“马老师，保持距离，真好！”听到她们开心的笑声，我也欣慰地笑了。

## 与教师共同深入探讨

通过这个案例，我们认识了平时容易忽略的人际气泡。

接下来我们需要进一步探讨：人际气泡的大小会受到哪些因素的影响？

一是空间环境。心理学家做过一个实验。在一个刚刚开门的大阅览室里，当里面只有一位读者时，心理学家就进去坐在他或她的旁边。试验进行了整整 80 人次。结果证明，在一个只有两个人的空旷的阅览室里，没有一个被试者能够忍受一个陌生人紧挨自己坐下，所有的人都选择默默远离到别处坐下。不难理解，如果阅览室里坐满了人，大家就不会在意谁挨着自己坐了。可见，随着空间大小变化，人际气泡大小也会变化。在广阔的田野上散步，你的人际气泡少则也要几十米，在空旷的公共场所人际气泡也要几米。而在公共汽车上，你会自动把人际气泡调控到几十厘米甚至是零。

二是个性特征。两个人谈话时无意中发生的位移，显示了其人际气泡的不同，这是由于不同个性所致。通常，性格开朗、喜欢交往的人，人际气泡较小，更乐意接近别人，也较能容忍别人的靠近；性格内向、孤僻封闭的人，人际气泡较大，不愿主动接近别人，也不愿别人靠近自己，喜欢与别人保持较大距离。

三是文化背景。有的民族人际气泡小，认为交往中近一些才合适；有的民族人际气泡大，认为远一些才舒服。比如，一个美国人与一个巴基斯坦人面对面谈话时，会看到巴基斯坦人步步进逼，美国人则步步后退。再如，法国人与英国人交谈时，法国人喜欢保持近距离，他们相互交谈时能感受到对方的呼吸，而英国人对此会感到很不习惯，步步退让，要保持较大的空间距离。这是不同民族文化差异的体现。

四是临场心态。不难想象，愉快与愤怒、激动与消沉、轻松与恐惧等不同情绪状态下，人际气泡都会有所不同。如果一个人正处在“烦着呢，谁也别理我”的心态下，却有人贸然靠近，往往会使双方都陷入尴尬。

五是心理关系。人的交往距离因心理关系不同而分为四种情况：亲密距离（约半米以内），如亲子之间，夫妻之间，恋人之间；个人距离（约半米到一米），如好友之间；社会距离（约一米到三米），如售货员与顾客之间；公众距离（约三米以上），如公共场所演说者与听众之间。这告诉我们，交往中因心理关系不同，彼此需要大小不同的人际气泡，如果混淆不同的人际气泡，交往就会失败。

由此说来，我们应该指导学生，在人际交往中学会根据不同情况，调控彼此的人际气泡。前面的案例告诉我们，在人际交往中，不论关系多好，也要给对方一定的心理自由度，使彼此留有一定的距离感。距离感是很微妙的，把太近的距离拉开一点，一来可以使彼此获得心理自由，多一份舒服和自在；二来可以使彼此感到对方更美好，从而使彼此的关系更融洽和谐。

# 17. 你听到的是你想听到的

### 心理案例：总是听到别人议论自己不好

新溪是个高三女孩，成绩很好，学习非常努力。但是，新溪从上中学开始就被人际关系问题所困扰，总感觉同学和老师不喜欢自己，总是听到别人议论自己不好，为此非常苦恼。学习也受到严重影响。更麻烦的是，新溪因为怕别人说自己不好，在学校里很少和同学交往，不愿意参加同学的团体活动，出来进去总是行只影单的。

到了高中，特别是进入高三以来，新溪这个问题更严重了。回到家里，常常跟家长诉说遇到的人际关系方面的麻烦。家长就耐心地解释劝慰，可是，今天把和这个同学的关系问题解释好了，明天又出现和另一个同学的关系问题，无穷无尽。总之，新溪总是觉得周围的人不喜欢她，总是猜疑别人对她不好，总是听到别人说她的坏话，经常为此以泪洗面。

后来，家长感到新溪的问题不是简单的人际冲突问题，更不是简单的劝说就能解决的，好像是心理有病了。于是，就带孩子去看医生。脑科说没问题，精神科说没问题，心理科也说没多大问题。最后只是开了抗抑郁、抗强迫的药。这一圈转下来，虽然医生都说没多大问题，新溪的心理状态却更不好了：我是精神病吗？我是抑郁症吗？我是强迫症吗？这也让家长更摸不着头脑了：孩子这到底是怎么啦？

在这样的情况下，他们看到了我的书，找到了我的联系方式，希望我尽快接待他们的来访。于是，他们一家三口一路奔波，这一天终于和我坐到了一起。

新溪给我的初步印象是，身材高挑、面容白净、表情文静、举止礼貌，虽然初来乍到，谈吐不很自然，有点唯唯诺诺，但是，总体上给人的印象，应该说是一个让人喜欢的好女孩，甚至可以说是一个人见人爱的小美女。这样一个女孩，怎么会总是让人不喜欢呢？怎么会总是有人说她不好呢？

新溪的父母介绍说，好像是从初中的时候开始，孩子因为外伤鼻子留下了疤痕，就感到自卑了，经常对着镜子看鼻子，总是问身边的人自己的鼻子是不是很难看。慢慢地就常听到她说起同学、老师不喜欢她。这种表现也是时断时续、时重时轻的。如果哪次考试考得不好，这个问题就会严重起来。

为了更好地诊断，我和新溪进行了单独会话。新溪放下手中的书，那是我刚才从书桌上随手递给她的一本书。初步沟通之后，我们的会话就开始了。

新溪开口说：“我这个人很复杂……”

我说：“复杂？怎么个复杂？比如……”

新溪说：“比如，您给我这本书看，我就在想，为什么给我看这本书呢？”

我笑了，说：“你看看书桌上这三本书，哪本书最适合你这个年龄？”

新溪也笑了：“您给我的这本最适合，那就是说您并没有什么特别的用意。我这不是复杂吗？”

我肯定地说：“这个特点，我看可以叫做细腻。”

新溪看着我的眼睛：“您说这不是复杂，这是细腻？”

我肯定说：“对。还有呢？”

她说：“我这个人还好猜测……”

我问："比如……"

她说："比如，总是猜测同学对我不好，总是猜测同学不喜欢我……"

新溪列举了很多与同学交往的细节，我从中发现了新溪问题的根源。于是，我引导她进行了以下的心理互动。

我先请新溪用"我是怎样一个人"的句式，给自己做评价。结果新溪给自己的评价，都是负面的，都是对自己的消极评价。尽管我试图当场引导，她依然不能说出正面的评价。最后是我替她说出，你是个学习努力的人，对吗？她才勉强点点头。

至此，新溪心理问题的根源找到了。新溪之所以总担心别人不喜欢自己，总担心别人说自己不好，根源在于她认为自己不好，在于她没有学会喜欢自己。自己心里有个消极的自我，就会通过心理投射，把内心对自己的不好评价，投射到别人身上。再通过选择性注意，就听到了自己想听到的——别人对自己的负面评价。

沟通了上面的意思，新溪领悟得很好，说："您的意思是说，我先要学会喜欢自己。可是我怎么喜欢自己呢？我哪有什么值得让人喜欢的呢？"

这确实是新溪心理自救的关键。怎样帮助新溪学会喜欢自己呢？

稍一沉吟，我讲了下面的故事。

过去有位秀才进京赶考，住在一个经常住的店里。考试前几天，秀才做了两个梦。第一个梦，梦到自己在挺高的墙上种白菜；第二个梦，梦到自己下雨天戴了斗笠还打伞。这两个梦是不是预示了什么？第二天，秀才赶紧去找算命先生解梦。算命先生一听，连拍大腿说："你还是快回家吧，别考了。你想想，高墙上种白菜，不是白费劲吗？戴了斗笠还打伞，不是多此一举吗？"秀才一听，心灰意冷，回店收拾包袱准备打道回府。见此情形，店老板感到非常奇怪："不是还没考试吗？怎么就回乡了？”秀才如此这般说了一番，店老板乐了：“我也会解梦的。我倒觉得，你这次一定要去考。你想想，高墙上种白菜，不是高种吗？戴了斗笠还打伞，不是说明你有备无患吗？”秀才一听，觉得店老板说得更有道理。于是，他振奋精神做好准备，满怀信心地去参加考试。结果，真中了个探花。

随后我问道：“这个故事告诉了我们什么道理？”

新溪几乎不假思索地说：“告诉我们，事物都有两面性，就看我们从什么角度去看了。”

我表示肯定：“好。那么想想看，这又给我们什么启发呢？”

新溪眼睛亮了，脸上有了光芒：“您是说，我过去总是从消极的角度看自己，我要学会换个角度看自己。是这样吗？”

我笑而不答：“那就是说，你找到了救助自己的办法了？说说看……”

新溪也笑了：“我知道了，我要换个角度，要学习从积极的角度看自己。但是，我是处女座，处女座总是被人黑，大家都说处女座很不好。您说我怎么办？”

我没有直接回答这个问题，而是说：“好，这个问题马老师很感兴趣。咱们今天先谈到这里，回去后你备备课，查查资料，下次来给马老师讲讲处女座。假如马老师也是处女座，你得让马老师看到自己这个星座的优势，好吗？然后，你再完成第二个任务，给自己找优点，大大小小都算，列在一张纸上，下次来给马老师看，好吗？”

新溪第二次来访时，我们首先在一起进行了心理互动。主要是请新溪发言，一是讲星座，二是找优点。她父母和我一起参与，感受新溪心理变化的过程。讲星座的时候，由于要求是让我感受到处女座的优势，所以，新溪在讲述的过程中，不知不觉中就朝向了事物的积极方面。我们不时地表示赞赏。找优点的过程，就艰难一些了，新溪还是不习惯看到自己的优点。不过，在我和她父母的引导下，总算找到了好几条优点。这让新溪有了一种前所未有的感觉。

最后，新溪问道："我确实有很多缺点，很多不好的方面，这让我怎么喜欢自己？"

我把话题引回到上次的会话："还记得上次我们谈到的'复杂'与'细腻'吗？"

新溪有所领悟地说："记得，我说自己是复杂，可在您看来却是细腻。"

这叫什么？在心理学上这叫做积极赋义。意思是说，我们生活中的许多事物，都可以赋予不同的意义，可以给它赋予消极的意义，也可以给它赋予积极的意义，我们应该学会赋予积极的意义。比如，复杂，积极赋义就是性情细腻；猜疑，积极赋义就是自我保护意识强。我们对自己的许多表现，常常需要这样的积极赋义。

更重要的是，之所以可以积极赋义，是因为人身上的许多特点都是中性的，不能简单地说成是优点或缺点。比如，一个人胆小，就不能简单地看成缺点。胆小的人做事会谨慎小心，出差错少，如果开车就会少出交通事故。也就是说，每一种性格都有好的一面和不好的一面。只要能在适当的场合恰当地应用，任何一种性格的人都能取得很好的成绩。总之，是因为客观上事实如此，我们主观上才可以积极赋义。

沟通了上面的意思，新溪领悟得很好："我知道了，一个人值得喜欢不是要多优秀，只要从积极方面看自己，每个人都值得喜欢。"

新溪的父母参与了上面的整个活动过程，也有了很好的领悟，表示一定积极配合，帮助孩子学会喜欢自己。最后，我们取得的共识是：家长要淡化对孩子所谓症状的关注，增加对孩子的正面评价，同时及时强化孩子对自己的肯定意识。

后来，我的心理咨询专线不断传来好消息：新溪逐步学会了喜欢自己，也越来越听不到别人对自己的负面评价了。

## 与教师共同深入探讨

新溪的故事启示我们：人对外界事物的感觉，常常只是内在心理的折射，而不是外界现实的反映。就是说，当你感觉周围的人怎样说自己的时候，其实往往是自己心里这样想自己，也就听到了别人这样说自己。概括点说，我们听到的往往是我们想听到的。

这是为什么？这是选择性注意的结果。

什么是选择性注意呢？有这样一个心理学实验：给墨西哥人和美国人看两组数目相等的图片，一组是美国人熟悉的打棒球的场面，一组是墨西哥人熟悉的斗牛场面。这些照片快速地交叉出现。结果84%的美国人只看到打棒球的场面，74%的墨西哥人只看到了斗牛的场面。你看，这就是我们所说的选择性注意：对打棒球有感觉的美国人，选择了打棒球的信息；对斗牛有感觉的墨西哥人，选择了斗牛的信息。

我们都是这样有选择地接收和处理信息的。生活中我们面对的信息无穷无尽，全部接受、处理岂不是累坏了？庆幸的是，人们自动对各种信息进行了取舍。于是，在这个选择性注意的过程中，就不可避免地投进了主观因素。

选择性注意包括两步心理过程：

第一步是选择性地接受信息。每个人所留意到的，也就是被他选择的部分，只是他想留意的部分。对他不想留意的部分，也就是不被他选择的部分，就视而不见、听而不闻。至于选择什么，是由人的主观倾向性决定的，由每个人的需要、兴趣、爱好、经验等决定。

第二步是主观性地处理信息。对被选择的信息，大脑进行解释的时候，必然要融入个人的经验、观念、态度等，就是说，必然有主观因素的参与。这种解释自然倾向于与自己的主观态度相吻合。于是，信息经过加工之后，变样了，变成了我们需要的样子，甚至变得面目全非了。

所以，我们首先应该指导学生，在日常生活中，学会正确认识自己，学会喜欢自己。进而，我们还应该指导学生，在人际交往中，学会全面地了解信息，全面地看待周围人们对自己的评价，不要被选择性注意蒙蔽了。

# 18．总想攻击别人为哪般

## 心理症状：总是有攻击别人的冲动

春节过后的一天，刚开学不久，我正在心理咨询室里值班。房门被悄悄推开了，闪进来一个畏畏缩缩的男孩，用一脸的痛苦面对着我的笑容。

“老师，您可要帮帮我，我太痛苦啦！简直是受不了啊！”随着这样一声叫苦，刚刚落座的男孩，整个脸痛苦地扭曲了，双手捂住脸说不下去了。

这时候，窗外的光线很强，直射在男孩的脸上。我拉过窗帘遮住刺眼的光线，也让室内的光线变得柔和一些。男孩依然久久地捂住脸不肯说话。我艰难地推动着会话的进程。在会话的过程中，男孩的声音总是很低，而且吞吞吐吐，我常常因为听不清而不得不让他重复。

就这样，我总算艰难地弄清了他的痛苦。

他说：“我是一个高三男孩，大约是从寒假开始，我就陷入了痛苦之中。现在让我最痛苦的是，上课总是走神。老师看我开学后上课状态不对劲，建议我来做心理咨询。老师和我想到一起了，所以我今天就找您来了，您可要帮帮我。

“我总是胡思乱想，听不进课，跟不上老师的思路，连考试的时候也不能集中精力，脑子里总是有些乱七八糟的画面，这些画面让脑子里一片混乱。日常生活中，我胡思乱想得更厉害，总把自己往坏的方面想，比如骑自行车时，会想到自己遇到了车祸，被撞得浑身连血带泥，又脏又可怕。每到这时候，我就想努力控制自己，可越控制想得越多，太痛苦了。

“让我痛苦的还有，我总是反复洗东西，特别是反复地洗袜子。一双袜子明明洗得很干净了，可我还是觉得不干净，还是会没完没了地洗。这让我很痛苦，我很想控制自己，可越是控制越是要反复洗，哎，太痛苦了。

“还有一个问题也让我很痛苦，我总是想攻击看起来不好的同学。比如，在教室里或是在操场上，常常会觉得哪个同学不顺眼。看他不是好东西，就想骂他一顿，揍他一顿。因此，我总有攻击别人的冲动，好像只有这样发泄一顿才痛快。可随便攻击别人又会给自己惹麻烦。所以，我就努力控制自己，可内心还是忍不住那种攻击的冲动。就这样，一面是痛苦的压抑，一面是强烈的攻击冲动……”

说到这里，男孩不由自主地挥动了一下拳头，做出攻击的姿势。

稍稍平静一些，男孩告诉我，他曾经来访。一位年轻的女心理咨询师，认为他的问题属于强迫症，建议他应该顺其自然。他尝试之后觉得管些用，可以缓解症状。但内心还是非常痛苦，感觉没有从根本上解决问题。

这次男孩的来访，正是那位女心理咨询师转介绍的。她的诊断和建议很恰当，男孩的问题确属强迫症状。对于强迫症状采取顺其自然的对策也是可行的。

但是，为什么男孩还是不能跳出痛苦的漩涡？

通常，强迫症状作为一种仪式性行为，往往具有象征意义，往往背后掩盖着某种心理上的情结，这才是需要深入探究的。也只有引导当事人看清自己强迫症状背后的心结所在，才能最终消除强迫症状。从临床经验判断，男孩很可能还有深层的或者隐秘的心结，不便与女心理咨询师交流。

那么，男孩强迫症状背后的心结是什么？

为了避免可能的阻抗，我决定采取意象对话技术。所谓意象对话，就是用想象中的意象来交流，进行心理诊断和治疗。人想象中的形象，往往具有象征意义，这种有象征意义的形象，就是所谓的意象。意象可以反映人的意识或潜意识中的心理状态。就是说，我们可以通过意象看到一个人的心灵。

在男孩的想象中，他站在镜子面前，镜子里映出了对面的所有东西，唯独没有他自己。经过引导，终于在镜子里看到了他自己，却也面无表情，面容丑陋。然后，好不容易走进了一个房间，却是一间阴面的房间，房间里一片阴暗，很乱，很脏，让人很难受。经过引导，房间终于有了变化，变得明亮了、整洁了、干净了，让人感觉舒服多了。

就在意象对话结束的时候，男孩情不自禁地起身拉开了窗帘，让外面的光线直射到自己身上。他说，这样虽然刺眼，但心里更舒服一些。

通常，在镜子里看不到自己，往往反映了人不敢面对自己，男孩为什么不敢面对自己？房间里不干净，往往反映了心里不干净，有不洁感，男孩为什么会有不洁感？男孩拉开窗帘让光线直射自己，这个反常的行为又反映了男孩怎样的心态？

面对有些刺眼的阳光，男孩鼓足勇气，咬咬牙，闭闭眼，虽然还是声音很低，却终于袒露了内心的隐秘：

“还有，还有，还有就是网吧，也让我非常痛苦。

“高一的时候，我就去过网吧，那时候就是随便玩玩儿。没想到，寒假里我又一次去了网吧。这次却大不同于以往，几乎改变了我的命运。那次在一个新同伴的引诱下，我第一次登陆了黄色网页。哎呀，突然之间映入眼帘的那些画面让我脸红心跳，甚至恐惧害怕，可我还是止不住地浏览。就这样，一次，两次，后来，后来，就看到了肮脏丑恶的不堪入目的内容，甚至还有乱伦，还有兽奸。

“第一次看到这样的画面时，开始我闭紧了眼睛，可又控制不住不去看，怎么会这样呢？这不是太无耻，太肮脏了吗？制作这种网页的人为什么要这样做？这太令人憎恶了！有时候，我甚至有一种打碎眼前电脑的冲动。从此以后，就算离开网吧，一想起这样的画面，我就痛苦不堪，哎呀，简直受不了啦！大约就是从这时候开始，我出现了反复洗袜子的情况，还有总想攻击人的那种冲动。

“更让我痛苦的是，我一面很反感网吧，一面又忍不住继续去网吧，而且越来越频繁。现在虽然开学了，每周还要去两三次，有时候连续一周每天都去。每次都是晚自习之后悄悄跑进网吧，整夜整夜地待在那阴暗的地方，困极了趴在那里就睡，直到第二天早上才回到学校。我每次都对自己说不要去了，不要再看那些黄色网页了，可还是禁不住诱惑溜进网吧。我自己对自己非常生气，有时候真想打碎那里的电脑。

“就这样，每天我都在努力，想用所有的力量从心里抹掉这些让我痛苦的东西，但是，就是抹不掉，就是陷入痛苦的深渊不能自拔……”

至此已经不难理解，此前的心理咨询，为什么未能消除男孩内心的痛苦。因为，造成他强迫症状的这个心结，让他实在难与一位女心理咨询师交流。而这个心结又是男孩痛苦的根源所在。由于浏览极端恶性的黄色信息的经历，给男孩带来心灵伤害的同时，也让他陷入深深的自责、自罪之中，内心有一种强烈的不洁感、罪恶感，让他不敢面对自己。他说话时声音很低，吞吞吐吐，就是因为不敢面对自己，想象中的镜子里看不到自己，也是不敢面对自己的反映。

强迫症状作为一种仪式性行为，往往具有心理自我治疗的意义。当事人想通过强迫症状，来缓解自己的某些内心焦虑。男孩反复洗袜子，就是试图洗刷掉内心的不洁感和自我厌恶感。拉开窗帘让阳光直射自己，反映了男孩要改变自己的决心。不难理解，网吧环境的阴暗，浏览内容的阴暗，进而导致的自我心态的阴暗，让他受不了了，哪怕阳光直射，哪怕阳光刺眼，总比让灵魂在阴暗中挣扎好。这种有点矫枉过正的反常行为，反映了他内心自我改变的强烈愿望。

网吧浏览到的黄色信息，尤其是极端的另类的性信息，对正在青春期的男孩构成了极其强烈的恶性刺激，导致男孩极为异常的心理冲突：一面是强烈地恐惧与厌恶，一面是强烈地吸引与诱惑。因而，每次浏览都会不住地自我否定，但是又难于自控再次浏览。于是，恶性循环的结果是更加自我否定，自我谴责：我怎么这么堕落？我太肮脏，太无耻，太见不得人了！

听到这里，男孩低头自言自语："是，就是这样，我非常厌恶自己。"说着再次不自觉地挥动了拳头。至此进一步看出，男孩总想责骂他人，攻击他人，以及想砸坏电脑的冲动，其实是内心的一种自我攻击，是一种强烈的自我否定，借用一种叫做投射心理的防卫机制，把自我心态向外投射到了别人身上，把对自我的攻击倾向转换成了对他人的攻击冲动。一般来说，一个人对别人的攻击冲动，如果不是因为实际的人际冲突，那么，往往折射出的是这个人对自己的不满和反感，也就是说，与其说是想攻击别人，不如说是想攻击自己。

男孩只是误入了一段心灵歧途，误入了一段成长的弯路，即便自身有着不可推卸的责任，也说不上堕落，也是可以原谅的。关键是要主动走过歧途，走过弯路，努力开始新的生活。

男孩看清了自己心病的症结，对自己有了新的希望。于是，我们约定了两条自救之路：一是彻底告别网吧，告别黄色信息；二是敢于面对自我，重新接纳自我。如能做到，男孩照样是个好男孩。男孩听说自己还可以重新做一个好男孩，脸上第一次露出了不好意思的笑容，临别表示坚决和网吧说再见，坚决和黄色信息说再见。

一周后，男孩如约再次来访。这次我才发现，原来这是一个高高大大的男孩。

他说："我这一周没再去过网吧。开始同伴找我，我还有过动摇，但是我知道自己必须抗拒诱惑，经过激烈的思想斗争终于拒绝了。后来，也就没人找我了，坚持到了今天。一周没去网吧，让我感觉好多了。首先是精力好多了，每天学习有精神了，上课也能听得进去，听得懂了。最重要的是，不再像过去那样每天总是非常压抑，好像心里压着一块大石头。现在我感到轻松了许多，舒坦了许多。还有，说来也奇怪，不再像过去那样看谁不顺眼就想攻击谁了。虽然有时候还有那样的冲动，但是，发生的次数少了，就是冲动来了，一会儿就能平静下来。对了，反复洗袜子的症状也轻多了。”说到这里男孩再次露出了笑容，非常恳切地说，“真得好好谢谢您。”

男孩应该感谢自己，因为他是一个领悟能力和自救能力较强的男孩。经过沟通，他很快领悟到，自己现在可喜的变化，是因为自己的生活正常化了，内心开始有了安宁，所以，种种强迫症状才淡化下来：不再反复洗袜子，说明内心的不洁感在减轻；不再总想攻击别人，说明内心的自我厌恶感在淡化，对自我开始有了新的接纳。

男孩开始走上心灵自救之路，这是令人欣慰的。但是，说起网吧，男孩的态度是以后尽量不去了，这又是令人不安的。因为自救的初步成功只是一个开头，是否能够彻底告别网吧，更艰难地考验还在后头，可以说是任重而道远。经过沟通和交流，男孩意识到问题的严重性，最后表示坚决和网吧彻底说再见，永远不去了。

男孩再次来访，是一个月之后了。男孩脚上穿了一双崭新的旅游鞋，给他增添了青春的活力，特别引人注目。也许是巧合，但是我宁愿相信，新鞋传达了男孩潜意识里的一个信息：看，我走上了新生活之路。

果然，他这次是特意来告诉我好消息的。他已经一个多月没去网吧，自己的强迫症状已经淡去，开始有了学习的热情，感觉自己仿佛开始了新生，这次是特意来跟我告辞的。握手告别的时候，男孩的手是那么有力。

## 与教师共同深入探讨

我为男孩开始新的生活而庆幸。送别男孩，我继续思考着。

我想到，正如高烧很多时候是炎症的反应一样，强迫症状很多时候是某种心理症候的反应。但是，当事人往往纠缠于强迫症状，而掩盖了问题的根源。于是，一些专业的心理调节技术，以及一些自发的自我调整办法，虽然可以缓解强迫症状，却很难根除强迫症状。正所谓“扬汤止沸不如釜底抽薪”，只有打开心结，化解心结，才能从根本上得到心灵自救。你或许会说，我又不是心理咨询师，我怎么会懂这些？不错，作为班主任或科任教师，我们不是心理学家，但是，我们是教育实践家；我们对矫正强迫症状等心理障碍也许是外行，但是，我们对解决好学生的成长问题应该是内行。在教育教学实践中，学生身上许多让我们似乎头疼的外在行为问题，也都有其潜伏的内在心理症结。推而广之，学生身上所有外部的行为表现，都有其内部的心理动因。所以，我们也应该学会从“扬汤止沸”到“釜底抽薪”。这个“釜底抽薪”，就是找到心结、打开心结、化解心结，从学生内心深处着手，帮助学生解决成长过程中遇到的种种问题。有时候，我们也许做不到，但起码我们要有这样的意识。前面案例中的老师就是这样一位好老师。发现男孩上课不在状态，老师没有简单地批评他，而是促成了他的心理咨询，使他通过心理咨询化解了心结，开始了新的生活。

我又想到，尽管学生总难免犯错误，但是，他们都有一颗向善向上的心。心理咨询的实践，让我越来越坚信，每个学生都有向善向上之心，都有想成为好学生的心。所以，我们需要善待每个学生，帮助学生拂去萦绕在心头的阴云。更令人欣幸的是，心理咨询的实践让我越来越坚信，每个学生都有心灵自救的潜能。所以，我们对每个学生，包括出现了这样那样问题的学生，都应该怀着殷切的希望，满怀信心地帮助他们重新走上正轨。这个案例，再次让我们看到这一点，让我们坚信这一点。

我还想到，学生中的问题行为，往往有其时间上的规律性。从前面的案例中我们看到，学生的假期生活，必然会影响他们走进校园后的心态。因此，开学之初，就是一个特殊的时间节点，学生的许多问题会在这时候表现出来。所以，在一些特殊的时间节点上，教师多花些心思，比如，开学之初做好学生的“收心”工作，就会帮助学生在成长的路上，少走一些弯路，多走一些坦途。

## 19. 你的“爱”，让我逃离

### 心理案例：为什么不想在原来的学校里上学了？

达志是个初中男孩。本来好好的，新学期开学第一天，却对父母说想退学。这怎么行！在父母的连哄带吓之后，达志勉强去了半天，下午说什么也不去了，说要不就转学，要不就去上武术学校，反正不想在这所学校里上学了。家长请老师帮助做工作，也没做通。转眼一周过去了，达志还待在家里。怎么说不上学就不上学了？父母只知道着急生气，却不知道孩子到底怎么了，更不知道应该怎么办？万般无奈之下，家长想到了心理咨询。于是，电话预约后母子俩来到了心理健康中心。

达志为什么不想在原来的学校里上学了？

也许有人推测：一定是学习不好。这样的推测不无道理。心理咨询中发现，确实很多不想上学的学生，学习障碍是首要原因。可是，达志妈妈却说，达志脑子很好使，是班里的尖子生，考试总是前几名。

也许又有人推测：一定是老师不喜欢他。这样的推测也不无道理。师生关系障碍，确实是不少学生排斥学校的又一重要原因。可是，达志妈妈却说，达志在学校里各科老师都喜欢，都宠爱。也是，一般学习好的学生，都会得到老师的宠爱。

这就怪了：学习好，老师宠爱，达志为什么偏偏不想在这里上学了？

达志妈妈说：“我只能向您介绍一些别的情况，不知道有没有用。跟您实话实说，我们家长和老师私交不错，老师确实对孩子很喜欢，甚至是宠爱，对孩子的学习更是关心。孩子每次考试名次的任何一点变化，老师都能关注到，并能及时给予安慰或鼓励。

“孩子有时候和同学在一起爱花零花钱。为了防止孩子乱花钱，防止他跟别的孩子学坏，我还特别跟班主任老师说过，请老师多关注一下孩子的花钱和交往情况。暑假前的一个周末，孩子和几个同学出去玩，花了一些钱。我就请班主任帮忙管管孩子。老师对孩子真关心，周一就把孩子叫到办公室谈话。没想到孩子态度很不好，结果在办公室里让老师教育了半天，最后不欢而散。回来孩子还很不高兴，对我说，老师管得着这些吗，这不是侵犯我的隐私权吗？

“我们问孩子，想转学，还想去武术学校，是不是在这里挨同学欺负了？孩子说不是。我们问来问去，孩子最后气呼呼地说，就是因为老师，就是不喜欢老师，不愿意见到老师。这就奇怪了，老师对他这么喜欢，这么爱护，他怎么会不喜欢老师呢？”

是啊，深得老师宠爱的学生，为什么偏偏如此不喜欢老师？

常常有这样的情况，来访者所谈的情况似乎不搭边，却恰恰反映了问题的实质。现在就是这样，达志妈妈介绍的看似无用的情况，在我看来却非常有用——已经让我初步找到了问题的答案。

接下来和达志的直接交流，进一步印证了这个答案。

难怪老师喜欢和宠爱，通过交流，我也喜欢上了达志，这的确是一个好孩子。我真切感到了达志诚恳，老实，心地好，学习好。一个十几岁的男孩，这样优秀，怎能不让人喜欢？可是，为什么达志不喜欢老师，对老师的爱不买账呢？

达志谈了很多与妈妈所谈相吻合的情况。谈到想退学的原因，达志哭着说：“我对爸爸妈妈说了，他们总不信。我真的什么也不为，就是因为不喜欢老师，不愿意见到这里的老师。我说想去武术学校，也不是为想学武术，是听说那里的老师对学生管得松，不像我们学校老师这样严，我就是很想轻轻松松、自由自在的……”

也许是感觉遇到了知音，达志跟我絮絮叨叨地诉说了自己的心声：“特别是班主任，对我管得太多，什么事都管，就连我课外和哪个同学在一起玩也管。那天我和一个同学在一起，老师看到了就把我叫到办公室，大声对我说，告诉你不要和那些学习不好的同学在一起，你怎么总和他们在一起！我知道老师和我们家关系好，也知道老师是为我好，但是，我感觉老师好像总在盯着我，不管课上课下，校内校外，我的什么事，老师好像都知道，都要管，整天被人盯着，真让我受不了……”

望着达志求助的眼神，我说：“你是说，你想退学，想转学，想去武术学校，是因为这里好像有一双眼睛总在盯着你，所以，你想逃离这里？”

达志感到有人终于听懂了自己的心思，点点头，眼圈红了，眼眶里盈满了泪水。

## 与教师共同深入探讨

一个老师宠爱的学生，为什么不喜欢老师？

现在我们终于看清答案了。一句话，都是过度关爱惹的祸。

老师过度的关爱、关心、关注，在达志的心里却成了被监督、被监视、被监控。越是被关爱，越是感到被监控。其中，还有家长与老师的“密切合作”。这就好比一个人，如果无时无刻不被监控录像头监控着，该是怎样的感觉？一定会感到压力、紧张、恐惧，甚至心惊胆战，惶惶不可终日。不用说一个孩子，就是一个成人也受不了。受不了怎么办？本能的反应就是逃离，逃到一个不被监控的地方，逃到一个可以轻松自由的地方。这就是达志要退学的心理动因。

就是这样，有些爱，常常蜕变成了监督和控制。爱，为什么会变成监控？因为这样的爱是变形的、变味的、变异的，因为这样的爱骨子里是爱自己。心理咨询中发现，如同达志的老师一样，很多老师爱学生，爱的是学生的分数。这样的爱，就会让学生想逃离。当然，很多家长爱孩子，也如同达志的妈妈一样，更爱的也是孩子的分数，因而也让孩子想逃离。这原本也不是罪过，而是世之常理，人之常情。但是，一旦爱中的私欲过度，就会关爱过度，就会监控过度，也就会让人想逃之夭夭了。

症结找到了，药方也就有了。我们最后的共识是，不要再以爱的名义，来满足私欲，来实施对孩子的过度监控。对孩子该放手时就放手，真正还给孩子起码的自由。这才是真爱，真爱是不会让孩子想逃离的。

作为教师我们是不是都该想一想，我们对学生的爱，到底是爱什么？

# 20. 怎样看到生活的阳光

## 心理案例：总看到消极的东西

这一天，电话预约后一位母亲陪着儿子从很远的外省，来到心理健康中心。

落座心理咨询室后，我先和男孩的母亲单独进行了交流。

男孩的母亲介绍说："孩子小时候很好，很出色，但是，初三的时候因为上网，学习成绩滑坡了，勉强上了高中，现在正在上高二。应该说他是个懂事明理的孩子。可就是总看到身边消极的东西、阴暗的东西，看不到阳光的东西。在学校里，总是看学校也不好，看老师也不好，看同学也不好。总之，看什么都不顺眼，看谁都有毛病。因此，在学校里就总是惹麻烦，他还觉得是别人都不理解他。这不，前天刚刚和老师发生冲突，老师要他反省。他感到不能接受，才决定到您这里来。他说如果这次心理咨询不管用，就干脆不上学了。不上学怎么行？您快帮帮孩子吧！"

为了进一步的诊断，我和男孩进行了详尽的沟通。

男孩比较善于表达，他说："我有一个远大的理想，就是改造社会，让社会更公平、更进步。这个社会很不公平。学校里也是这样，老师对学生就不公平。我听说，交补课费的时候，一位家长交给老师的是个整数，多余的几十块钱老师干脆没退还。还有一次，老师多收了我 60 元钱，过后我要才给我。还有，同学也都是那么粗俗，没有共同语言。感觉身边没有一个人能理解我。对了，前天早自习我趴在桌上睡觉，老师让我起来，我没起来，老师就严肃地批评我，叫我反省。您说这叫什么事儿？还有没有自由？您说，社会怎么这样，人们怎么这样……”

我一直静静地听，直到男孩停止了诉说抬头看我。我这才笑着开口道：“社会难免有不合理的现象，别人也难免有不对的地方。问题是你远道来访，就是和马老师讨论这些问题的吗？或者说就是为了在马老师这里找一个公平吗？”

男孩也笑了，摇头说：“不是，不是。”

“那么，你是为什么来访？可以用一句话告诉马老师吗？”我引导说。

“我要好好学习，我要上大学，可是，我静不下心来。”

“你的意思是说，刚才的这些思虑让你不能安心学习，让你感到很困扰？”

“对，我就是请您帮助我，看看怎样才能摆脱这些思虑的困扰专心学习？”男孩终于明确了自己的问题所在，“有一个老师告诉我，要‘难得糊涂’，我就试着对一些事儿装糊涂。当时好了一阵子，可过后又不行了。我觉得装糊涂不行，还是要面对。可是，该怎样面对呢？”

“很高兴你知道要面对。是的，对让你不满意的种种问题装糊涂不行，所谓‘难得糊涂’，其中的道理也不是你们这个年龄能够理解的。所以，你们还是先要学会面对。”我肯定了男孩的理解，“现在，关键就是怎样面对。就是这一点让你很困扰。对吗？”

“对，我就是不知道该怎样面对让我不满意的事情。”男孩渴求地看着我。

为了促进男孩的自我领悟，我给男孩讲了下面的故事。

一位女主人乔迁新居。当天晚上，还没收拾完毕，突然停电了，室内一片漆黑。黑暗中女主人刚刚摸到蜡烛，偏偏这个时候门外传来了“笃笃”的敲门声。心烦的女主人打开门一看，原来是一个小男孩，他仰着脸，背着手，怯生生地问：“阿姨，您家有蜡烛吗？”怎么，我刚搬来的头一天，邻居就让孩子来借东西，这不是欺负新来的吗？今天借给他们蜡烛，明天还不来借葱？后天还不来借蒜？这还行！想到这里，女主人不觉心生怨气。于是对男孩说：“哎呀，真不巧，阿姨刚搬来，没准备蜡烛。”说完就准备关门了。就在此刻，小男孩变戏法似的从背后抽出手，高高举起一支蜡烛，说：“阿姨，您看，怕您没有准备，妈妈让我送来的。”面对此情此景，女主人顿时深感愧疚，心中的怨气也消散了。

顿了顿，我启发男孩说：“这故事，给我们什么启示呢？”

“我们对人对事的感受，都是由自己的心态决定的。”男孩确实是个很有头脑的男孩，稍加思索就开始谈自己的体会，“同样的人和事，可以从不同的角度，得到不同的看法，也就会有不同的感受。我过去心态消极，总是用消极的眼光看问题，所以看不到生活的阳光。”男孩深有感触地说：“今后应该学会换个角度看问题，用积极的心态看生活，就会看到生活的阳光。”

我肯定了男孩的领悟，然后指导男孩尝试换个角度从积极面看问题。就男孩说的老师没有找零钱的实例，我引导说：“买东西有忘记给钱的时候，卖东西也有忘记收钱的时候，家长在和老师谈话的过程中给了钱，老师当时没有及时找零钱，谈话结束的时候也忘找了。不也是人之常情吗？”

男孩点头，认为可以这样换个角度看。接下来，我让男孩自己重新分析一下老师多收他 60 元钱的问题。男孩想了想说：“那是一次交书款，老师应该找我 60 元，当时没钱找。过两天我问老师，老师让我看记录，上面写着已经找给我了。这也可能是把钱找给别人了，却记在我的账上了。如果是这样，老师后来把 60 元钱找给我，自己就吃亏了，这是老师的大度，而不是老师的小气。”

然后，我又提出了早自习和老师冲突的问题，请男孩换个角度思考一下。男孩想了想说："早自习不应该趴在桌上睡觉，即使真的困了，也该和老师好好说。再说，光要自由也不行，还得要纪律。更何况，老师也是为了我好。这样想来，也就不该抱怨别人，自己确实应该好好反思了。"

男孩亲身体验到了换个角度看问题的那种积极的感受，因而第一次露出了发自心底的微笑。为了强化效果，我建议男孩回去后继续把一些问题尝试换个角度进行思考。

第二天，男孩在妈妈陪同下如约再次来访。

交流中男孩深有体会地说："我把几个问题尝试换了个角度来看待，都有了积极的感受和体验。这一点对自己帮助很大。可是您说，我为什么过去总是那样消极地看待生活，总是抱怨别人呢？"

男孩的问题再次表明，他是个有头脑的男孩。他的问题，确实是心理咨询需要进一步解决的问题。

于是，我对男孩表示了充分的肯定："问得好，这是你问题的关键所在。马老师知道，你不是故意要与人为敌，不是故意要消极地看待生活。那么，究竟为什么会这样呢？关键是因为你对自己的现状不满意。用心理学的话说就是，大凡不能接纳现实的人，都是不能接纳自我的人，其内心的自我体验是消极的，对自己的现状是不满意的。"

男孩连连点头："您说得没错，我确实对自己的现状不满意。我过去不是这样的。我小学的时候很棒，奖状很多，初一的时候也还可以，也还算是出类拔萃的。可是，从初三迷恋网络，成绩就下来了。中考考得很不好，勉强上了高中。现在成绩更不好，总是排在后面，完全找不到自我感觉了。"

男孩的谈话印证了他母亲开头的介绍，他确实有过辉煌的过去。正是由于现在已经不再那么优秀了，男孩不能接受现实的自我，不满意自己的现状了。一个人不满意自我的时候，就容易外归因，就是说，容易把这种心态投射到外界，对外面的世界感到不满，看什么都不好，看谁都有毛病。这几乎是一个普遍规律。

交流了上面的意思，看到男孩有所理解，于是我问："那么，明明是不满意自己，却为什么总是抱怨别人？这样做是不是自己得到了什么好处？"

到底是悟性好的男孩，他沉思片刻说："可以让自己逃避责任。"

"说得非常好。"我肯定说，"一个人对自己不满意时，之所以要抱怨别人，就是为了通过把不满投射到别人身上，来逃避自己的责任，减轻自己的心理压力。但是，这种'好处'只是暂时的，并不能解决根本问题，而且还会给自己制造更大的痛苦。你已经切身体会到了这一点，是吗？"

男孩一个劲儿地点头："是的，是的，越是对别人不满，自己越是放弃了努力，甚至连按时起床，按时上课，都做不到了。结果让只能自己越来越差。您说，我该怎样改变自己呢？"

男孩意识到要改变自己，这是可喜的进展。我建议说："要想彻底拯救自己，关键是要换一种心理对策，把外归因换成内归因，也就是，要深刻反思自我，积极发展自我。"

"您是说，我不要再抱怨别人，先要做好自己的事情？"

"对。"我肯定说，"只有做好了自己的事情，有了较好的自我发展，才能实现远大抱负。古人讲，修身齐家治国平天下。你知道这个意思吗？"

"知道，我必须先让自己有良好的发展。"男孩说完，又提出了更为关切的问题，"那我以后具体该怎么办呢？"

男孩开始关注这个问题，这本身就是在自救之路上前进了一大步。帮助当事人找到解决问题的具体对策，是心理咨询应有的目标之一。

于是，我引导男孩制定"自我行动方案"。我建议，为了促进行动的积极性，制定行动方案应坚持三个原则：一是少，就是每次确定的行动目标不要多，最好一次一个；二是小，就是每次确定的行动目标要具体，便于检验；三是低，就是对这个目标要求要低。比如，行动方案第一步就确定“按时起床”这样一个目标。

这就做到了少、小、低的原则，就容易行动起来，容易坚持下去。这样，逐渐添加其他目标，循序渐进，逐渐发展。慢慢地，也就重新塑造了一个满意的自我。为了保证行动方案的效果，还需要做好记录，以便自我监控。沟通至此，男孩重新找到了自信。

最后，我和男孩的母亲做了交流，大致介绍了男孩问题的性质。然后我分析说，男孩之所以看不到生活的阳光，除了他自身的原因之外，可能还有家庭方面的原因。男孩的母亲也有所反思，认为自己由于家庭生活的一些不如意，比如夫妻矛盾等，也让自己对生活有较多的消极看法，无形中对孩子产生了消极影响。这确实是需要注意的一个问题。父母积极地看待生活，孩子的心中就会有阳光。经过沟通，男孩的母亲表示一定要改变自己，学会积极地看待生活。

大约一周后，男孩的妈妈打来电话说：孩子回去后就上学了，向老师承认了错误，妥善处理了和老师的关系问题，几天来生活比较平稳，心态比较好，孩子感慨地说，幸好选择了心理咨询，否则我就可能放弃学业了。

不久，男孩又打来电话告诉我：行动方案第一周的目标是按时起床，他完成得很好；第二周的目标是不逃课，也坚持下来了；第三周准备添加新的目标——上课不睡觉，自己有信心继续下去。

最后男孩颇有感慨地说，真是奇怪了，自己好起来了，感到老师和同学也好起来了。听到男孩有这样的感悟我感到非常欣慰。我相信，只要朝着这个方向前进，男孩就会更多地看到生活的阳光。

## 与教师共同深入探讨

作为教师，在教育教学实践中，我们常会发现有些学生心里缺少阳光，对待生活非常消极。因而他们会让老师感到头疼，常常会得到老师更多的负面评价。这，让他们心里更缺少阳光。

其实，这样的学生不是不喜欢阳光，而是看不到阳光。所以，我们与其为这样的学生心里缺少阳光而头疼，不如帮助这样的学生看到生活的阳光。怎样帮助他们看到生活的阳光？很简单，那就是帮助学生换个视角看生活，使他们学会用积极的心态看生活。当然，不是只给学生一个空泛的口号，而是结合困扰学生的实际问题，帮助学生真正看到问题中积极的一面。

在教育教学实践中，我们也常常会发现，有些学生总是喜欢抱怨，抱怨同学，抱怨老师，抱怨学校，抱怨他生活中的一切。这样的学生也会让人头疼，也会招来老师更多的负面评价。这，也会让他们更加抱怨生活。

其实，这样的学生之所以对周围的人们不满意，是因为内心深处对自己不满意。所以，我们与其批评这样的学生不该抱怨别人，不如帮助这样的学生学会完善自己。怎样帮助他们完善自己？很简单，那就是帮助他们学会从小事做起，学会从小事开始行动，让自己一点点好起来，让自己一步步成长起来。

看来，我们对有些陷入心理误区的学生，少些头疼，多些心疼，少些批评，多些帮助，才是更好的为师之道。

第四辑

# 读懂学生自我心理：

## 和自己好好相处

## 21．心中的“自我”受伤后

### 心理案例：女孩精神好像有些不正常了

周六晚上，时钟的指针就要指向10点的时候，心理咨询专线的铃声再次响起。原来是一位班主任老师为学生的问题预约咨询，说一个高三女孩精神好像有些不大正常了。

老师的责任心永远是可敬的，班主任的工作更是不分昼夜。不过，经过初步沟通可以判断，女孩的问题并不那么急迫，完全可以等到第二天来访。于是，我请老师和当事人及其家长联系，约定明天一起来访。

第二天，我早早来到心理健康中心。这位老师陪女孩和她父亲已经等候在这里了。女孩究竟出了什么问题，让老师如此担心着急？

我决定先和老师进行沟通，以便把握女孩的问题。

老师介绍说：“这个女孩平时表现很好，很文静，很温柔，学习很努力，成绩也很好，总在班里考前几名，是个荣誉感很强的女孩。可是，她最近几天却有些不正常了，听课不认真了，作业不写了，还经常迟到，和以前判若两人。更让人感到异常的是，她说话有些混乱，没有中心，让人不得要领，甚至让人觉得莫名其妙。比如，她头天说了班里没有一个好人，转天却又说大家对自己可好了，还问自己这两天的样子是不是把大家吓着啦。再如，这两天她总是跟同学反反复复地说：‘没事了，我没事了，我这就没事了，我这就过去了，我这就想开了……’她还常常独自流泪，自言自语。这怎么不让同学们害怕紧张，同学们就向我反映。我对此也有所察觉，昨天晚上就赶紧和她谈心。她说请我不用担心，还说不会自杀，不会寻短见。说实话，这让我更紧张了，不知道她究竟是怎么了，就小心地说了一些宽慰的话。最后她说：‘我没事了，快没事了，快想开了，您放心吧……’听她又反反复复说这样的话，我就更不放心了。您说，她会不会是精神病，会不会出什么意外？”

为了了解女孩的成长背景，随后我和家长进行了交流。

女孩的父亲介绍说：“总体来说孩子的成长比较顺利，家庭环境也比较正常。孩子学习很努力，成绩也挺好。就是当初升入高中时没有进实验班，受了点打击，自己说很没面子。昨天听到老师介绍的情况后，我们也很担心。我和孩子交流，感觉孩子说话也是有些语无伦次的，还反反复复说那些话，和老师介绍的差不多。还说大家都在注意她，都知道她有问题了。我也搞不懂孩子到底是怎么回事，只是感觉孩子真的有点精神恍惚，莫非真的是精神病了？眼看就要高考了，孩子真要有什么不好可怎么办啊？”说到这里，女孩父亲哽咽地说不下去了。

女孩究竟是怎么回事？

等女孩和我坐在心理咨询室里的时候，因为女孩的求助动机很强，虽然满脸的愁苦郁闷，我们的交流也还比较顺畅。下面是女孩和我的对话：

“我性格内向、沉静，别人都说我是个文静的女孩。从小在家里有父母、哥哥娇宠，我自己也就没有经受过什么事，所以，所以……”

“所以现在遇到了事情就觉得受不了了，是吗？”

“是的。同桌劝我说，你不过是遇到了一颗小石子，可是我觉得是一块大石头……”

“是怎样的一块大石头呢？”

“是这样的。在班里有一个高高大大的男生，有点像我的哥哥。他很有才气，很聪明，很热心。我们都在板报组里，经常在一起，感觉很说得来，就有了密切的交往。您别误会，我们只是友情，不是那种关系……”

“马老师要首先表明态度，青春期的男孩女孩在一起即便谈情说爱，也是可以理解的，何况你们只是友情。你不用有任何顾虑。”

“谢谢您这样理解我。我和他只不过是有时候发发短信，聊聊天。大约四五天前，我又给那个男孩发短信，也没有什么秘密，但是我想当然地以为是我们两个人在交流才发的那些信息。可是，万万没想的是，他却在宿舍里把手机传给了同学看，而且还大家凑在一起给我回短信。我这边还以为只是对他一个人聊天呢，谁想到他那边却是这样？他怎么能这样？他们怎么能这样？太不像话了，太不像话了！

“我是个非常要面子的人。这种突然被欺骗、被玩弄的感觉，让我实在受不了了。终于，我爆发了，在教室里，在楼道里，在操场上，不管在哪里，我都会对男生们发火，一反我平日里的文静，大发脾气，大声斥责，说最难听的话，说最狠毒的话，说他们没有一个好人，说男生没有一个好东西，说他们连猪狗都不如……就是从这时候开始，我无心上课，无心写作业，还经常自己一个人暗自流泪。

“等我的心情稍微平静一些之后，我发现他们看我的神情很异样，好像被吓着了一样。是不是我疯狂的样子，让他们感到了异样？我当时的样子一定很可怕，他们一定不再认为我是以前那个文静的好女孩了！想到这些，我就非常自责，就想尽办法给他们道歉。我先请一个同学传话，又专门写了信请一个同学传过去。道歉之后，他和他们也跟我和好了。事情好像该过去了，可是，我心里还是不好受……”

“为什么要向他们道歉呢？”

“害怕他们不再喜欢我，害怕他们不再把我当文静的女孩……”

“你的意思是说，害怕自己文静女孩的形象受到损害？”

“对，您说得非常对。我这样好面子，以后可该怎么面对大家啊……”

至此可以确诊女孩没有精神障碍，更与精神病不相干。女孩让人担心的种种表现，都是她心中的“自我”受到伤害的自然反应。

不论是谁，心中的“自我”受伤都是很痛苦的事情。如果青少年的自我形象受到伤害，更容易导致强烈的心理反应，出现种种问题。女孩的问题正是这样。男孩子把女孩的短信公开的恶作剧，让女孩心中的“自我”严重受伤。首先，女孩担心几个男孩子会议论自己，会对自己有不好的看法，让女孩的自我认知受到严重冲击；继而，女孩体验到一种被玩弄的羞辱感，自尊感严重受到破坏，形成非常糟糕的自我体验；最后，女孩的心理和行为陷于混乱，自我调控能力严重丧失，以至于让人感到言行失常了。

优秀、文静，是女孩已经认同的强烈的自我形象。她很在乎这个自我形象，也就是她自己说的很要面子。

这样一个很要面子的女孩，突然遭遇短信事件，私密被意外曝光，让她很受伤。用一个通俗的比方，类似一种在众人面前突然被剥光衣服的感觉，太丢面子了。这是女孩的“自我”受损的第一步。

接下来，女孩勃然大怒。人在发怒之后往往并不自得，而是一种自失，会感到懊丧。一个文静的女孩居然在众人面前如此失态，更感到丢面子。这是女孩的“自我”受损的第二步。

再接下来，女孩平静之后赶紧道歉。而这种道歉不是理性思考之后的行为，用女孩自己的话说就是，害怕他们不再喜欢自己，害怕他们不再把自己当文静的女孩。一句话，是想努力挽回自己文静女孩的形象。这让女孩重复体验“自我”受损的经历。不过，其间同学们表现出了对她的理解、宽容等，总算让她感到自我形象得到了一些修复。

就是在上述心理过程中，她出现了看起来难于理解的种种表现，没心思听课，没心思写作业，甚至独自流泪，等等。反复说“快过去了，快没事了”，潜台词就是非常希望这件事儿赶紧过去。至于她先说没有好人后又说大家都挺好，这似乎矛盾的话不过是她心理变化的自然反应，也毫不奇怪。

弄清了女孩问题的来龙去脉，接下来就需要对症下药了。下什么“药”呢？关键在于给女孩心理支持，帮助女孩修复自我形象，在心中重新确立良好的“自我”。

为此，我们做了很多交流。女孩果然优秀，她很快领会到：手机短信事件不过是男生的恶作剧，不是我的错，于我丝毫无损，谈情说爱也不是罪过，何况只是友情，发脾气也是人之常情，主动道歉更显风格境界。一句话，我还是我，这一切都无损于自我形象。特别是文静的女孩也发脾气，更显真实，更显可爱。

交流至此，笑容又回到了女孩的脸上。女孩说这回真的没事了。女孩表示下午就去学校，一切都会正常起来。

最后，我与女孩的老师和家长做了沟通。听说女孩没有精神障碍，家长和老师都舒了一口气。最后，家长和老师都表示接受我的建议，积极合作，通过各种方式努力给女孩心理支持，帮助女孩重建积极的“自我”。特别是班主任老师，做了许多细致的工作。首先，班主任和女孩进行了深入的交流，表示了对她的喜欢，介绍了同学们对她的种种好评，让女孩感觉到大家还是很认可她的。然后，班主任又让女孩和那几个男孩直接沟通，男孩表示了真诚的歉意，也表达了对女孩的善意，双方完全消除了误会，重新建立了友好关系。

一周后女孩再次和家长来访的时候，已经像换了一个人，脸上的笑容更加灿烂。通过沟通，我知道女孩心情已经好转，心态已经平静，生活已经正常。最后她高兴地说，这回可是真的过去了，我真的找回了原来的自己。

## 与教师共同深入探讨

这个案例中关于“自我”的问题，在心理学上叫做自我意识问题。所谓自我意识，是人对自己身心状态及对自己同客观世界的关系的意识。

青少年时期是一个自我意识非常敏感的时期。这个阶段的青少年，总是特别在意别人对自己的评价，希望引起别人的注意，开始对自己不满意，希望美化自己的外貌，完善自己的性格，等等。也就是说，由于自我意识的发展，青少年更在乎自己的面子，更在乎自我形象了。因而，像案例中的女孩那样，心中的自我也就更容易受伤。

如案例中所示，我们的老师，特别是班主任老师，对学生是那样的关心，那样的负责。但是，在教育教学工作中，常常会有一些学生的行为反应，让我们感到莫名其妙。于是，我们就会担心，就会紧张，就会把心理问题往精神障碍方面想。

为了避免这种偏差，我们就需要学会读懂学生的内心。

一是间接读懂。所谓间接读懂，就是平时学点青少年心理学，掌握点自己所教年龄段学生的心理特点，到时候就比较容易读懂学生的心。比如，就上面的案例来说，如果教师能够了解一些青少年关于自我意识的特点，就比较容易把握女孩言行背后的内心活动了。

二是直接读懂。所谓直接读懂，就是在发现学生的一些行为反应存在问题时，不用担心、不用害怕，与学生做深入细致的直接沟通，也会比较容易读懂学生的心。比如，就上面的案例来说，教师感觉女孩有些言行异常后，如果心里有些底气，能够和女孩亲切接触，营造一种安全信赖的沟通氛围，就比较容易体察学生的内心了。

当然，不管怎么说，普通教师并不等同于心理专业工作者。在必要的时候，像这位老师这样，及时帮助学生进行专业心理求助，也是一种尽职尽责，功莫大焉。

# 22．人生的“特殊朋友”

## 心理案例：我想知道残疾人的心理

这一天，一个高高大大的高一男孩预约后来到心理咨询室。落座后第一句话就是：“马老师，我想知道残疾人心理是怎样的，请您告诉我，好吗？”

心理咨询不是一般的知识问答，我知道男孩这个问题的背后有他自己的故事。果然，经过初步沟通，男孩消除了顾虑，伸出自己的手臂，一边给我看上面斑驳的白点，一边开始倾诉自己的故事：

“您看，我这是一种皮肤病，叫做白癜风，好些年了，看了好些医生，花了家里好多钱，也没有治好。看来是治不好了。父母都很艰辛，供我读书已经很不容易，我也不愿再去治疗。这个皮肤病我从小学的时候就有了。那时候，由于年龄还小，心里没有什么特别的感觉。可是，随着自己一点点长大，这个皮肤病成了我的心病。想到自己的未来，我自卑到了极点，心灰意冷。我不停地问自己，学习还有什么意思？生活还有什么意思？我的希望在哪里？唉，我真的感到眼前一片迷茫，没有了生活的勇气。有时候，我真的想自己还不如是一个残疾人。比如双腿残疾，还会得到别人的同情和照顾，我却要自己面对这一切。您说，那些残疾人的心理是怎样的？”

原来，男孩想了解残疾人的心理，是想知道残疾人是怎么战胜自己勇敢地面对生活的。就是说，男孩的心理活动是这样的：假如以现在的医疗水平自己的皮肤病不能治好，或者自己没有条件去治疗，那么，怎样才能进行心灵自救?

我首先还是建议男孩去治疗。假如男孩的皮肤病真的不能治好，心理咨询师虚伪的搪塞以及善意的谎言，都无助于当事人的心理调整。勇敢地面对事实，也许有点残酷，却是心理调整的基本前提。应该说，男孩的皮肤病虽然算不上肢体残疾，对生活不会有太大的妨碍，但是，对他的恋爱和求职确实会有不利的影响。更重要的是，处于青春期的年轻人，对自己的容貌特别敏感。于是，皮肤颜色的病变造成了他心灵上的严重自卑。

我表示了对他深深的理解。男孩听完后眼睛湿润了:“现在，我该怎么办……”

“你自己是怎样打算的呢?”心理咨询过程需要启发求询者的领悟。

“有时候，真的感到一点希望也没有了，学习不下去，也不想学习了……”

“你是想证明自己的懦弱，是想把自己打倒?”此刻，从亲情入手也许能够更好地激发男孩的自救信念。“听你刚才的诉说，你是那样地体谅和爱你的父母，难道让自己消沉下去，逃避生活，就能回报父母了吗?”

男孩抬起了低垂的头，若有所思地看着我:“我就是不忍心让父母难受……”

“当父母的，只有看到孩子心灵得救，他们心里才会好受。”我继续激发说。

男孩愣怔了一下说:“我必须自救。但是，怎样才能让自卑的心灵得救呢?”

面对男孩心灵的困扰，我的语调凝重而诚挚:“也许，你现在会觉得自己真的不如一个残疾人，那是因为你没有那样的遭遇。设身处地地去想象一下，残疾人的心理是不难理解的。比如，一个下肢截瘫的人，一定会羡慕我们能够自由行走的那种幸福；一个双目失明的人，一定会羡慕我们能够看到五彩世界的那种幸福；一个双耳失聪的人，一定会羡慕我们能够听到各种声音的那种幸福……比起这些不幸的人们，我们所拥有的这一切难道不是幸福吗？不错，你的皮肤病是一种缺憾。可是，谁没有人生的缺憾？人生就是与缺憾相伴的。所以，假如确实不能改变缺憾，我们还可以改变自己的心。面对许多事情的时候，只要我们换个视角，常常就会有不同的感受，就会看到不同的情形。”

男孩似乎看到了生活的阳光：“您是说，我的未来还有希望？”

“正是这样。不仅换个视角会看到希望，更重要的是，由于对生活有了积极的心态，还会有更多的人生收获。”我继续分析说：“不能否认，任何一个方面的缺憾都可能会影响人的发展。这是不利的一面。但是，缺憾往往会激发人的潜能，使人发展出其他的能力来补偿这种缺憾。比如，盲人往往有超乎寻常的听觉能力，聋哑人往往有超乎寻常的视觉能力，一些肢体残疾的人更会发展出超乎寻常的才能。而对那些遭遇挫折和不幸的人们来说，挫折和不幸恰恰成了他们人生的一种助力，弥补了缺憾，成就了人生。不用说保尔，不用说张海迪，我们生活的周围有很多身有残疾的人，不都收获了自己成功的人生吗？当然，我们不必祈求逆境。但是身在逆境，勇往直前，就会创造坦途，正所谓‘自古英雄多磨难’。回到你的问题上来，如果你调整心态，振奋精神，积极自救，那么，缺憾也许成了你的一种强大生命动力，从而让你成就了自己。到时候，成功的学业，理想的工作，幸福的婚姻，都会向你走来。你看，生活全在于自己怎样把握。你说是吗？”

男孩终于挺起了胸膛，握紧了拳头，告辞的时候轻声却有力地说：“请您相信，我会把握好自己的！”后来的消息证实，男孩的学业步步攀高，人生正在走向成功。

## 与教师共同深入探讨

我们应该指导学生，把自卑作为人生的一位特殊朋友。

1870 年，维也纳一个商人家里出生了一个男孩。不幸的是这个男孩自小驼背，行动不便。男孩慢慢长大了，看到哥哥健康活泼，他自惭形秽，心里感到深深的自卑。在漫长的年少时光里，唯一长期伴随他的就是自卑感。然而，令人惊讶的是，正是这种伴随他的自卑感，促使他在成年后经过长期努力，成为了不起的心理学家，最终确立了他的“个体心理学”，而对自卑感的研究成果成了他所有的理论中最有影响的一个。他用自己的生命历程，证实了自卑感对人生的积极作用。他的切身感悟是：自卑，能摧毁一个人，使人自甘堕落；自卑，也能成就一个人，使人发奋图强，以补偿自己的弱点。这个人就是著名的心理学家阿德勒。

在阿德勒看来，人有自卑感是完全正常的，正是它的存在才促使人寻求补偿。由于补偿作用，自卑感成了人格发展的动力，成了人生的助力。与自卑感相关联的是优越感。我们每个人都在追求优越感。追求优越感是为求得自身完美所做的一种努力，是引导人们前行的一种动力。自卑感从后面推动人，优越感在前面引导人。在这种一推一拉的过程中，人格得以日趋完善和发展。如此说来，正是自卑感的参与完善了我们的人生。

然而，并非任何时候自卑感都给人带来这样的幸运。生活中确实有些人在自卑感的漩涡中越陷越深。这是因为他们采取了错误的心理策略，而逐渐形成了强烈的自卑情结。自卑情结的存在意味着一个恶性循环的出现：一个自卑的人想努力摆脱自卑，但他所采用的错误方式却只能使他的努力失败，从而加重自己的自卑。于是一个循环又出现了，并不断重复下去。结果是，在摆脱自卑中形成了自卑情结，在寻求补偿中形成了过度补偿。那些自我期望过高的人，就是误入了这样的心理怪圈。

如果学生陷入了这样的心理怪圈，我们应该教给学生如下的心理策略。

第一，指导学生正确地评价自我。所谓自知之明，是不仅能如实地看到自己的短处，也能恰如其分地看到自己的长处。切不可因自己的某些不如别人之处，而看不到自己的如人之处和过人之处。即使确实遭遇了失败，也要学会正确归因。不能因为一次失败，就认为自己能力不行。失败的原因可能是多方面的，不一定就是能力不足造成的。自我评价，实际上是人对自我的一种暗示。消极的自我暗示导致消极的行为，而积极的自我暗示则带来积极的行动。所以，任何时候都应该通过正确地自我评价，给自己积极的心理暗示，从而促进积极的行动，摆脱自卑。

第二，指导学生正确地表现自我。为了摆脱自卑心理，不妨多做一些力所能及的把握较大的事情。这些事情即使很“小”，也不要放弃争取成功的机会。任何成功都能增强自己的自信。就是说，可以通过在小的成功中表现自己的能力，确立自信心，循序渐进地克服自卑心理。最重要的是，把远大的理想与眼前的目标结合起来，在争取成功时，不要期望过高，不要操之过急，要循序渐进，步步为营，逐步地锻炼自己的能力，逐步地用自信心取代自卑感。

第三，指导学生正确地补偿自我。自卑感引发的补偿作用可能是积极的，比如，一个相貌或经济条件不好的学生会越发地努力学习。但也有消极的补偿形式，比如有的学生会用打架斗殴来弥补学习上的弱势。积极补偿有两种方式：一是以勤补拙。古希腊名人狄摩西尼有口吃的毛病。为此，他口含一颗石子对着大海练习演讲，经过艰苦卓绝的努力，最后成为一位伟大的演说家。正所谓“勤能补拙是良训，一分辛苦一分才”。二是扬长避短。比如失明者通过发展听觉或触觉来进行弥补，或者一个体弱的人转向思想领域，都属于这种补偿方式。正所谓“失之东隅，收之桑榆”。古今中外，不少成功者的优秀品质和辉煌成就，从某种意义上来说，都是积极补偿的结果。可见，面对缺陷和不足，只要采取积极的补偿方式，就会真正摆脱自卑，完善自我，成就自我。

# 23．都是当班长惹的祸

## 心理案例：想到我们那个班就烦

文强是个高二男孩，公认的好学生，学习勤奋，成绩优秀，追求上进，严于律己。可是，最近文强却在家里当起了病号，不去上学了。几天来，文强在家里，睡不好，吃不好，也不说话，一提上学就烦，就说心脏不好受、脑袋不好受。家长带他看医生，医生说没有什么问题，只是开了一些营养神经的药，建议休息几天。可是，文强在家里休息了好几天了，状态却越来越不好，总是烦，看什么都烦，每天烦躁不安，烦躁得厉害了还连哭带闹的。六神无主的母亲经人介绍，拨通了心理健康中心的电话，哭着求助说："孩子别是精神病啊，您快救救我们吧！"

这一天，文强如约坐在了我的面前。经过初步沟通，从谈吐举止来看，这确实是个好学生，而且没有丝毫精神病的症状。可是，这样一个学生，究竟遇到了什么困难，为什么上不了学了？

文强倾诉说："我就是烦，一想到上学就烦，想到我们那个班就烦，想到我们班上的同学就烦，特别是想到班上自习课总有人说话就更烦。一烦起来，就心里不自在，浑身也不自在，在学校里受不了，只好回到家里来。"

我问："想到班上的同学就烦？是指某个同学，还是指所有同学？"

文强说："所有的，想到我们班就烦。"

我问："是从什么时候开始这样的？"

文强说："从高二以后。高一的时候我们班很好，同学关系也很好，自习课总是很安静的。可是，高二重新分班，我到了现在的这个班，起初还可以，后来越来越感觉不如高一时候的那个班了。现在，我总是怀念高一时候的那个班，怀念高一时候的日子，那时候多好。可是现在，一想到我们的班就心烦……”

我问：“那是为什么？可以从头说说你在学校里的生活吗？”

文强回忆说：“是这样的。我一直学习很好，所以，从初中到高一，一直当学习委员。高二分班以后，班主任让我当了班长。听班主任说，高中生不同于初中生，班干部不能凡事等老师了，要主动工作。我就想，当了班长，一定要努力把工作搞好。为了搞好工作，我想应该团结同学，和大家搞好关系，就特别用心地注意和同学之间的关系，平时总是主动和同学打招呼。但是，人家却爱理不理的。有一次下课的时候，几个同学在教室里说笑，我叫一个同学的名字，叫了好几声，最后还是另一个同学告诉他，他才回应了我。类似的事情，让我经常很郁闷。不久前又发生了一件事，一个男生课上睡觉被老师叫醒，跟老师发生了冲突。在解决这个问题的过程中，那个同学表现很不好，我感到很郁闷。从此，想起那个同学就烦。再加上自习课总有人说话，慢慢地，我走进教室就烦，想到自己这个班就烦。

“就这样，最近我不愿意进教室了，就请假回家了，身体也不好受了。可是，大家都在上课，我一个人在家里更不是办法，我怎么受得了？我就更烦躁不安，我也不知道自己怎么了，不知道自己该怎么办？”

我回应说：“如果马老师理解的不错，你之所以不能上学，其实是在逃避这个班级环境，是这个班级环境让你感觉特别不好，是这样吗？”

文强点头说：“我也知道自己没什么病，就是现在这个班的环境乱得让我受不了。”

我表达看法说："其实，任何一所学校，任何一个班级，都难免出现自习课说话的现象，都难免会有这样那样的问题。不信，你可以去问问过去你那个班的班长，也可以去问问现在别的班的班长。你就会发现，每个班长都有每个班长的烦心事，每个班都有每个班的麻烦事。你说呢？"

文强表示了理解："也是，哪个班长没有自己的烦心事，哪个班自习课没有说话的？看来，是我的心态有问题。那您说我哪里出了问题，为什么我现在受不了了呢？"

我继续谈自己的看法："那是因为你现在的角色不同了。不可否认环境对人的影响，但是，环境对人的影响如何，不是取决于环境，而是取决于人。同样的环境中，不同的人就会有不同的感受。你说过去的高一的班级环境，与现在的高二的班级环境不同，其实很大程度上是你自己扮演了不同的角色，因而就有了不同的感受。可以说你现在的烦恼都是当班长惹的祸。"

文强陷入沉思："您说这又是为什么呢？"

我解释说："因为你刚当班长，对自己的角色变化还不适应，换句话说，还不知道该怎样当班长。于是，对班上出现的问题，心理反应比较强烈。于是，就会体验到过去不曾体验到的心烦意乱。

"与此相关的是，你的角色扮演有些过度。换句话说，你这个班长当得有点过了。上任伊始你先给了自己一个定位：我一定要当好班长，一定要搞好班上的工作，一定要和同学搞好关系。这样，你就容易凡事反应过度。你主动跟同学打招呼，对同学关系特别用心，特别在乎同学是否积极回应，也是这种心态的反映。

"再往深里说，这又与你的性格有关。你是个严谨认真的人。这固然不错，但是，不注意调节就会以这样的心态要求别人。于是，'水至清则无鱼，人至察则无徒'。日子长了，也许真的会让大家都疏远了你。"

文强到底是个悟性很好的男孩："我知道了，不要太拿班长当回事，当班长也不能忘了自己是学生。谢谢您，我知道该怎样当班长了。"

后来的一天，文强的母亲告诉我，文强第二天就去上学了，什么事儿都没有了，她因此一个劲儿地对我表达感谢。其实，任何人的改变靠的都是自己，靠的都是自己的领悟和行动。

## 与教师共同深入探讨

怎样当好学生干部？这确实是不少学生干部面临的心理困扰。教师特别是班主任教师，应该给学生干部必要的心理指导，帮助学生干部扮演好自己的角色。

中小学的学生干部，不同于成人社会的领导干部。与成人社会的领导干部最重要的不同，在于学生干部有双重角色：既是班级的领导者，又是班级的普通学生。

所以，我们应该指导学生干部认识到，学生干部在这个双重角色的扮演中，要清楚自己的角色定位，任何时候都不要忘了，学生干部首先是学生，然后才是老师的助手。说句实在话，我们教师都清楚，在中小学里，一个班级工作的好坏，主要取决于班主任，不是一个班长可以左右的。当然，班主任老师工作到位，扮演好自己的角色，才是对学生干部最好的帮助，才能帮助学生干部扮演好自己的角色。

具体到前面案例中的文强，一旦他的角色扮演不再过度，对班上的一些问题也就不再反应过度，也就不再把烦恼自我放大。于是，也就可以面对班级环境，继续当好他的班长了。

# 24．经常想起老师那句话

## 心理案例：经常想起老师那句话

在心理健康中心，经常会有老师陪同学生来访。现在，坐在我面前的就是这样一对师生：一位女教师和一个女学生。

女教师 30 多岁，成熟干练，是高一一个新生班的班主任。女生是她班上的学生。

女教师先介绍说，这个女生懂事，听话，学习也很努力，可就是非常自卑，有时候连课堂发言都困难。希望我能帮助她。班主任老师很忙，说完就先告辞了。

接下来，我和女孩单独会话。在我的耐心引导下，女孩慢慢抬起头，诉说了自己的故事：

“是的，我是个自卑的女孩，在自卑的泥潭中越陷越深。您看我的身材也够高，外貌也可以，家境也比较好，您会不会觉得我的自卑是庸人自扰？

“可是，很多年来，我都是在自卑中度过的。我的自卑是从小形成的。我爸爸就很自卑，他不善言谈，很老实，我觉得自己很像他。我小时候很黑，很丑，很懦弱，老实得不得了，经常被人笑话。奶奶讨厌女孩，而我又那么笨，不讨人喜欢，不会哄他们开心，所以，奶奶爷爷根本就没疼过我。我的童年充满了苦涩。

“上小学了，我学习很努力，成绩也很好。那是一段快乐的时光，我好像忘掉了自卑与胆小。可是走进初中，我感到一切都是那么陌生，我的自卑又回来了，而且更严重了。由于自卑，我上课回答问题时声音发颤，双腿发抖，他们都笑我。

“下课，老师专门找我谈话，语重心长地对我说：‘其实，你的学习挺好，你就是太自卑，太胆小，这样会害了你一辈子。’我知道老师为我好，我真的不想这样，我很想大大方方地站起来，回答问题时吐字清晰、声音洪亮。可是我什么都做不好，越做不好就越自卑，越自卑就越做不好。就这样，我经常为自卑胆小而担心害怕，经常想起老师那句话：这样会害了你一辈子……

“后来，我复读一年考入了现在的高中。没想到，刚入学不久，班主任老师又很快发现了我的自卑和胆小，又和我谈话，告诉我自卑、胆小很不好。这让我耳边立刻响起了初中老师的话。两位老师的话经常响在我耳边，越想越自卑，越想越胆小……”

就是因为这样，班主任老师带着这个女孩来访了。

随后，我又与班主任老师进行了沟通。

班主任老师告诉我，这个女孩非常自卑与胆小，挺好的成绩，就是太胆小，上课发言时哆哆嗦嗦的。为此，班主任老师找女孩谈了这个问题，指出自卑的危害。女孩和班主任也说过初中时候和老师说过的话，知道自卑很不好，表示要改。可是，女孩不但没有改变，反而更加自卑胆小了。所以，才来心理咨询了。

## 与教师共同深入探讨

女孩的自卑从哪里来?

从前面的案例中我们看到，女孩的老师对学生如此的关注，这是多么好的老师。然而非常遗憾，正是老师的这种关注，加重了学生的自卑，影响了学生的心理健康。

就是这样，学生的心理问题或心理障碍，常常源于教师，源于教师的言行举止，源于教师对学生不恰当的教育行为。这，就是师源性心理障碍，或者叫做师源性心理问题。

师源性心理障碍的特点有哪些呢？

一是，大多数师源性心理障碍的表现是隐性的，对学生的心理伤害却是长期的。二是，大部分导致学生产生心理障碍的教师，其主观愿望是良好的，因而这些所谓的良好愿望导致的不当行为，难以及时纠正，会继续伤害学生。三是，不管我们怎样努力，师源性心理障碍是很难完全消除的，只能尽量减少。

学生的师源性心理障碍，往往会源于教师的哪些方面？

一方面，源于教师的职业道德问题。确实，我们不能否认，部分学生的师源性心理障碍，源于教师的师德问题。比如，有的教师对学生简单粗暴、贬损挖苦、辱骂打击、偏袒冷漠、侵扰伤害、暴力体罚，诸如此类，都会严重伤害学生的心灵，造成学生的心理障碍。

另一方面，源于教师的心理健康问题。师德有问题的教师到底是少数，用心理学的眼光看，不能把学生的师源性心理障碍，都归因于教师的师德问题，更多的是教师的心理问题：或是教师自己的心理不健康了，或是教师因为不懂而在不经意间伤害了学生，或是教师好心办了坏事，等等。

比如，一个成绩好的学生和一个成绩差的学生，同时抱着课本睡着了。老师很可能这样反应：对前者会拍拍他的肩膀，“多用功啊，睡觉还拿着书”，学生会从中得到一个积极的心理暗示：我是勤奋的，我是好样的；对后者却会说，“你看你，一拿起书本就睡觉”，学生会从中得到一个消极的心理暗示：我是懒惰的，我是没出息的。如果说前者会给学生积极的影响，后者就会给学生带来师源性心理障碍了。

此外，有些师源性心理障碍，虽然表面看来也是源于教师，却并非教师个人的问题，而是整个教育乃至整个社会的问题。这就不是我们在这里要讨论的了。

现在，我们再来看前面的案例。

那个女孩的自卑心理问题，虽然不能完全归因于老师，却在很大程度上归因于初高中两位老师“语重心长”的误导，很大程度上属于师源性心理障碍。

人有自卑感是完全正常的，每个人都有不同程度的自卑感，因此心理上的自卑是每个人都要面对的基本处境。自卑感的存在使人产生紧张感，进而促使人努力通过补偿来摆脱它。从这个意义上说，自卑感也能成为一种动力；甚至可以说，正是自卑感完善了我们的人生。所以，自卑并不可怕，自卑是人生的一个朋友，我们和这个朋友友好相处就是了。这是我们对自卑应有的科学态度。

这就是我和那位女孩谈话的基本内容。正是这样的沟通，让女孩卸下包袱轻装前进了。

这也是我和那位女教师谈话的基本内容。正是这样的沟通，女教师更科学地引导女孩前进了。

对人的许多个性心理特征，我们都应有这样一个中性的态度。比如，人们普遍认为胆小不好，人们普遍认为内向不好。然而，如果胆小和内向放对了地方，就是人生幸福的支点，人生成功的支点。但是，由于教师心理上存在认知偏差，就会给学生带来消极影响，带来师源性心理障碍。前面案例中的教师，正是这样好心办了坏事。

这启示我们，当我们讨论师源性心理障碍的时候，不要只想到对自我师德的自责自律，更应该想到对自我心理的自查自助。

# 25. 嫌恶自己的男孩女孩

## 心理案例：嫌恶自己的男孩女孩

这是一个男孩的故事：

“我是一名高中男生，有一个问题困扰了我好些年。刚刚升入初中的时候，我就慢慢开始注意起自己的容貌，经常偷偷对着镜子照，总是觉得不满意。从此我的心情也变得很不好，时常郁郁寡欢、不苟言笑，总想把自己关在一个小房间里。

“后来有一天，我无意间听到一个女孩子说，你看你的样子……我的样子怎么了？我回去又一次对着镜子照，突然感觉自己居然长得那么丑，鼻子尤其长得不美观。

“从此，我便开始对鼻子采取了‘残酷’的手段。我整天对着镜子，想办法整治鼻子，比如用小夹子夹住鼻翼，想用人工的方法使其更高些。其实，我的鼻子长得挺好的，我爸爸的鼻梁挺高的，我很像爸爸。可是人有时就是那么愚蠢，我就是嫌自己的鼻子不好看。最近，我感觉鼻翼时高时低，软软的，骨头好像消失了似的，鼻梁也时高时低。我的鼻梁是不是断了？好长时间过去了，我的鼻子没有好转的迹象。现在，我很烦，我不知道我的面容以后会怎样，我总是为自己的鼻子而痛苦……”

这是一个女孩的故事：

女孩拥有高挑的身材、清秀的面庞，虽然说不上倾城倾国，却也青春靓丽。然而，出乎预料的是，就是这样一个女孩，却感到自己很难看。这一切，都是因为她感觉自己嘴歪。可是，别人都没有看出女孩的嘴部有什么异常。这是为什么？

女孩说："大约是初中的时候，我就感觉自己的嘴巴歪了。当时我特别害怕，我告诉了父母。可是，他们说没有看出什么问题，说没事的。直到我哭了起来，父亲才带我去了医院。医生也说没什么问题，只是根据我的诉说，采取了针灸治疗。过了一段时间感觉好了，可是，不久我又感觉嘴不正了。这次我没有对家里说，就自己看书，自己给自己针灸治疗，一直到现在。我感觉虽然有所恢复，但是还没有好彻底。现在，我每天都要照镜子，总是感觉自己的嘴两边不对称，总是嫌自己的嘴不好看，心理压力特别大，从来不敢照相。现在，我怕去学校，每天无精打采的，感到自己一点希望都没有了……"

## 与教师共同深入探讨

上面的男孩女孩为什么凭空担心自己的外貌不好？

这些男孩女孩的问题，在心理学上叫体形嫌恶症。体形嫌恶症是一种心理障碍，主要表现为当事人很关注自己的身体外表，心理上很嫌恶自己躯体的某一部分，尽管医生认为不需要矫正，却总是想办法去矫正自己觉得丑恶或不好的部位。心理咨询中发现，体形嫌恶症多发生在青春期前后的男孩女孩身上。因为这个时期的男孩女孩，对自我形象及自我意识正处于最敏感的时期。

那么，最常见的嫌恶部位往往是哪些呢？一般来说，男性往往嫌自己的鼻子不够高或不端正，自己的性器官不够大，自己的个子不够高等；而女性往往觉得自己嘴巴有问题不好看、乳房不够大、不性感、身材肥胖不苗条等。较严重的甚至不惜高昂的费用和医生的反对，总想进行有关躯体部位的整容整形手术。

这又是为什么呢？我们知道，在人的意象中有些事物具有性象征意义，比如柱子可能象征男性生殖器，空洞则可能象征女性生殖器。如果从心理分析的角度进一步探究，体形嫌恶症往往也有其性的象征意义。为什么男性嫌恶的部位往往是鼻子？为什么女性嫌恶的往往是嘴巴？就是因为这些部位具有较为明显的性象征意义。鼻子是身体的“突起”部位，因而具有男性生殖器的象征意义。嘴巴是一个开口的洞，因而具有女性生殖器的象征意义。生活中也确实是这样，男人的鼻子和女人的嘴巴可以让异性感受到其吸引力。因而，鼻子常被一些缺乏男性性别自信的男人所担心，嘴巴常常被一些缺乏女性性别自信的女人所担心。

当然，嫌恶自己个子太矮，身体不苗条，也是对自己性魅力担心的表现。而对于乳房、阴茎的担心，更是直接地反映了性心理方面的问题。

那么，人为什么会出现体形嫌恶症呢？

继续听男孩的故事：“还是小学六年级的时候，那时我12岁。一天，课间我和同学们在厕所里一起小便。忽然一个同学大声取笑我：你们快看，他的小弟弟怎么这么小！一句话引得大家哄堂大笑，我满脸通红，羞愧难当，没解完小便就赶紧系好裤子，跑出厕所。第二天，我就趁着没人的时候去小便。没想到刚要小便时，后面就有同学说笑着来了。我赶紧系好了裤子。从此，我总为自己的那个部分感到羞愧痛苦，都不敢去学校的厕所了。好长好长时间之后，我才告别了这个苦恼。再后来，就是去年，我高二了才敢和女孩子交往，没想到第一次写纸条就遭到拒绝。就是从那以后，我的自信又全丢了，也是从那以后，我发现自己鼻子有问题，开始整治鼻子。最痛苦的时候我甚至想，干脆做个变性手术，不当男人了……”

继续听女孩的故事：“我从小家里就经常爆发家庭战争。由于父母脾气不好，为一点小事也会吵起来。可能是他们自己留下了太多的遗憾，对我就寄予了太多的期望。所以，他们对我要求特别严格，我做什么事情，他们总是不放心，总是不满意，总是挑剔。从小到大，我记得的都是他们给我的挑剔和斥责。这对我的心灵造成了很大的伤害，让我从小就没有安全感，就很自卑。我就这样长大了。在中学的时候，我经历过一次朦胧的初恋。可是，后来那个男孩却扔下我和另一个女孩好了。对，就是从那时候开始，我感到自己很丑，感到自己的嘴歪，我彻底失去了自信，甚至我都怀疑自己：我这样没有魅力，还算一个女孩子吗？”

心理咨询实践与研究表明，存在体形嫌恶症的人往往在性心理发展上曾遭受挫折，进而影响了其性别自信。在上面的故事中，男孩十二三岁的时候，正是性萌动的时候，偏偏在此时因为生殖器大小被同学取笑，性心理严重受挫，随后的初恋失败让他再次严重受挫。从而导致了对自己的嫌恶，最终这种自我嫌恶的心态集中到了鼻子上。而女孩从小经历的家庭战争，加上父母太多的否定评价，是她嫌恶自己的根源。而且她也有过一次失败的中学初恋。这无疑更加严重地挫伤了女孩的自信。为什么别人不喜欢我？面对镜子终于发现，是我的嘴巴有问题。于是，全部的自卑感集中到自己的嘴巴上来。

这种对自我的不接纳，往往会影响到自我心理性别的认同。

一个人的性别自我认同通常包括三个方面：生理上对性别的确认，心理上对性别的认同，社会上对性别的肯定。三者和谐统一，才不会因性别问题导致内心矛盾和不安。但是，在成长的过程中有许多原因会造成心理性别的认同障碍。原因之一就是，青春期前后对自己身体容貌的不满意、不接纳。这种自我嫌恶心态必然导致对整个自我的不接纳，其中也就包括了对自我性别的不接纳，从而影响了对自己心理性别上的认同。很明显，前面的故事中，女孩对自己是否还算一个女孩的疑问，男孩的不想当男人甚至想变性的焦虑，都是性别的心理自我认同出现障碍的表现。

总之，体形嫌恶症的心理根源是心理上对自己缺乏自信，特别是对自己的性别魅力缺乏自信。对青春期的少男少女来说，这种缺乏自信的心态，很容易地就聚焦到体形外貌上，表现为对自己体形外貌某个部位的嫌恶和不满。在上面的故事中，不论是嫌恶自己的鼻子，还是嫌恶自己的嘴巴，都是对自己缺乏自信，特别是对自己的性别魅力缺乏自信的表现。

因此，对体形嫌恶症的心理调节，关键就是当事人要重建自信。为此，我们要引导男孩女孩明白，必须要发自内心地喜欢自己、接纳自己。具体的心理调节的策略无非两个方面：一个是认知调节。也就是换一个视角看问题，看自己，看生活，走出认知误区，重新认识自我，也就学会了自我接纳。另一个是行为调节。也就是努力从封闭的自我中走出来，增进人际交往，包括异性交往，在人际交往中，在别人对自己的接纳中，强化自我接纳。有了真正的自我接纳，自信也就在心中生长起来，也就不再嫌恶自己，从而消除了体形嫌恶症的困扰。

# 第五辑

# 读懂学生人格心理：

## 性格就是命运

# 26. 为何打翻老师的办公桌

## 心理案例：像一头发怒的小狮子

蒙蒙是个小学毕业班的男孩。最近，他常常不守纪律，脾气暴躁，易冲动，总是和老师同学发生冲突。

昨天，蒙蒙又因为上课没有认真听讲和老师发生了冲突。老师怕他冲动，就请来了蒙蒙的妈妈。没想到这下更糟了。蒙蒙一看妈妈被请来了，顿时变得怒不可遏，当时就冲进办公室打翻了老师的办公桌，又冲进教室，推翻了好些课桌。蒙蒙就像一头发怒的小狮子，老师和家长谁也拦不住。孩子冲出去了，吓得老师和家长一齐追出去。大家都不知道蒙蒙到底犯了什么毛病。

第二天下午，电话预约后，蒙蒙的妈妈带着孩子找到我。在心理咨询室里，蒙蒙的妈妈介绍了上面的情况，愁得掉下泪来。

“我管孩子很严，孩子过去对大人言听计从，就是从最近才这样的。”蒙蒙的妈妈说，“马老师，孩子到底是怎么啦？是不是精神出了什么毛病？”

母亲回避后，蒙蒙坐在了我的对面。这是一个胖乎乎的男孩，大眼睛困惑地看着我，眼神中流露的是一种追悔和求助。看到我和蔼而亲切的微笑，他好像轻松了一些，脸上露出可爱的笑容。

我们进行了初步沟通之后，男孩没有了顾虑，他说：

“妈妈总是让我准备考重点中学，常常对我说，为了让你考上重点中学，妈妈再苦再累也心甘。我爸爸在外地上班，妈妈为了我很辛苦，我知道，我也努力了。这个学期，学校举办了尖子生的辅导班，却没有我。我心里就很不满，总是烦，感到上学没劲儿。妈妈就更是唠叨我。我也不知道自己是怎么回事，上课不能好好听讲，总是说话、打架，我妈妈一去学校，回家就打我骂我。妈妈一打我骂我，我心里就更烦，更生气。这次，老师又叫家长，我气不打一处来，就胡闹了。我知道这样不对，我很后悔……”

至此，问题比较清楚了，蒙蒙的表现说明他具有爆发型人格特征。所谓爆发型人格特征，是指常因微小的精神刺激，而突然爆发出非常强烈而又无法控制的愤怒情绪，甚至出现暴力行为的一种人格特征，是青少年时期很容易出现的一种人格特征。就是说，蒙蒙没有什么精神上的毛病，也不能说蒙蒙是个坏孩子。

想到这里，我对蒙蒙说：“你不是坏孩子，但你就要长大了，你不愿意自己这样，是吗？要改变自己必须要从自己做起。”蒙蒙表示明天就向老师好好道歉，又问我以后怎样不让自己乱发脾气。随后，我们讨论了一些自我调控的方法。

说再见的时候蒙蒙笑了：“谢谢马老师，我知道怎样管住自己的脾气了。”

最后，我和蒙蒙的母亲，针对孩子的问题，就家庭教育和亲子关系，进行了较多的沟通。蒙蒙母亲深有领悟和反思：“看来，要当好家长，不理解孩子不行啊！”

## 与教师共同深入探讨

是的，要当好家长，不理解孩子不行。要当好老师，又何尝不是如此？

前面我们已经知道，爆发型人格特征，是青少年身上容易出现的人格特征。对学生身上可能出现的这种人格特征，我们必须有所了解。

爆发型人格特征的具体表现如下：

一是情绪和行为具有突发性。由于控制能力差，容易与别人发生争吵或冲突，常常因为一点微不足道的小事，突然爆发出非常强烈的愤怒或暴力行为。

二是情绪和行为不稳定。由于缺乏自我认同的稳定性，因而不断地寻求自己的生活角色，但又没有找到很好的定位，就导致变化无常的生活态度，形成了情绪的不稳定性。

三是情绪和行为具有反复性。每次在暴怒或暴力行为之后，十分内疚懊悔。在间歇期表现正常，能与人正常相处。但过不了多久，暴怒或暴力行为又会重新表现出来，呈现出明显的反复性。

四是挫折耐受力差。人的情绪总是与外界刺激有关，这种人遇到即使很小的刺激强度，也能触发强烈的情绪反应，容易小题大做，这是因为他们挫折阈限低，挫折耐受力差。

爆发型人格特征的成因，一般有生理心理因素和家庭社会因素。就蒙蒙的情况来看，十二三岁，已经进入少年期，身心发育出现突变，神经系统的抑制兴奋机能不够协调和灵活，控制力差。同时心理上开始进入第二反抗期，容易和成人对抗，自尊心非常强，一旦受挫，就容易以暴怒的方式来进行自我防卫。蒙蒙妈妈对他从小管束过于简单粗暴；与老师沟通后，就打骂孩子，一味要求孩子考重点中学；孩子没有进入尖子生辅导班，心理严重受挫，妈妈没有关注孩子的年龄变化，更没有关注孩子的内心变化，还是一味地唠叨。这时，孩子的心理压力已经如同一座随时都可能爆发的火山。于是，小小的导火索，就让孩子心中的火山大爆发了。

针对爆发型人格特征，我们该给学生怎样的心理辅导呢？

首先，我们要指导学生，在间歇期里加强自控能力的培养。

一是加强自己的道德修养，用道德的标准来控制自己的行为。二是增强法制纪律观念，用纪律来约束自己的行为。三是学会心理换位，经常替别人想想以使自己学会冷静。四是学会运用“制怒”座右铭来提醒自己，从而提高自控能力。五是学会用愉快的情境体验来驱赶不愉快的情绪，自我排解、自我安慰。六是正确对待挫折，认真分析挫折原因，不盲目采取情绪化行为，提高自己的挫折耐受力。

其次，我们要教给学生，在愤怒爆发时自我调控的方法。

一是警醒法。在怒火即将爆发的瞬间，立刻卷起舌头不讲话，闭上眼睛，脑子里默念“忍”字警醒自己。二是回避法。迅速离开现场，去做别的事情，如去跑、去跳。三是暗示法。如果一时离不开现场，在脑中迅速默念：“大发脾气有什么用？发火会使自己失态的，伤害别人也伤害自己……上一次发火自己已懊悔极了，这次千万不要再发火了……”四是假想法。迅速想到暴怒或暴力后的严重后果，尽量把自己怒火爆发的后果想象得严重些，以使自己息怒。五是宣泄法。实在怒火难耐，可以赶紧对准一堵墙，挥舞你的拳头击打墙面。这样，既宣泄了怒火，又避免了伤及周围的人员或财物。

# 27. 奇怪的网瘾背后

## 心理案例：男孩的网瘾好奇怪

姚强是个高一男孩，最近问题越来越严重，家长电话预约急切要求来访。究竟是什么问题呢？家长说孩子主要的问题就是网瘾，为了上网而逃学，甚至可以一个月不上学，就在家里玩游戏。不过，孩子说好了玩多长时间，能够说到做到，时间到了就不玩了。这就有点怪了，说不玩就不玩了，这也叫网瘾吗？

这一天，姚强和家长如约来访。经过详细的沟通我发现，姚强的问题关键不是网瘾，他的逃学、上网都是表面现象。那么背后的根本问题是什么呢？

过去，姚强是个听话、内向、不善交际的孩子，从小学到初中学习成绩一直很好，在班里一直是尖子生。可是到了九年级后半年，姚强的优势保不住了，考试名次一再下滑。从那时候开始，姚强就总是想方设法不去上学。这样，他的名次更加下滑，然后他就更加不愿意去上学了。每次走进教室，他心里都会想老师同学们会怎样看自己，变得特别在意别人说的话。有一次，一位老师说了一句他弓腰缩背的姿势很不好，让他久久不能释怀，很是抱怨。还有一次，体育老师说了一句“就这个姿势还能拿冠军”，他更是耿耿于怀，和妈妈说将来当大官要整这个老师。就这样，由于总担心别人说出伤害自己的话，平时在学校里，他总是躲避着大家，以至于有时候就干脆不去学校了。姚强除了和爸爸妈妈说话，和别人都很难交流，就是在咨询会话中也是吞吞吐吐的，交流比较困难。姚强越是不愿意与人交往，就越是喜欢一个人待在家里。一个人在家里能做什么？除了看电视，就是上网了。姚强说，一个人上网的时候最舒服，不用担心那么多与人打交道的事情。

后来，姚强到外地上了高中。他本来就惧怕人际交往，又人地两生，这让姚强更难于适应，最后又转回家乡来。每一次转学，姚强刚刚有点适应，又要转学，又要面对新环境。如此一来，姚强的症状更明显了，更不愿意去学校了。

在上面交流的整个过程中，他的父母特别是妈妈表示的更多的是不满、责难和打击。姚强的尖子生优势不保之后，父母更是不满，总是抱怨孩子太不争气，把自己气得不行。最严重的一次，父母一起把姚强痛打了一顿，这一打问题更严重了。实在没办法，经过老师介绍，才开始了心理咨询。

姚强为什么网络成瘾？现在我们找到答案了，姚强网络成瘾的背后是心理障碍。姚强的心理障碍属于人格偏差，就是说，姚强身上有明显的回避型人格特征。

回避型人格特征又叫逃避型人格特征，其最大特点是行为退缩，面对挑战多采取回避态度。这样的人被批评指责后，常常感到自尊心受到了伤害而陷于痛苦，且很难从中解脱出来。他们害怕参加社交活动，担心自己因言行不当而被人讥笑讽刺。因而，即便参加集体活动，也多是躲在一旁沉默寡言。在处理一般性问题时，他们往往也表现得瞻前顾后，左思右想，常常是等到下定决心了，又错过了解决问题的时机。在日常生活中，他们多安分守己，从不做那些冒险的事情，除了每日按部就班地学习或工作外，很少参加社交活动。在单位里，这种人一般被领导视为踏实肯干、工作认真的好职员，因此，经常得到领导和同事的称赞，可是当领导委以重任时，他们却想方设法地推辞，从不接受过多的社会工作。

生活中，谁都难免有回避的时候，尤其是在需要缓解焦虑，或面对困难的人生选择及处境时，往往会采取一种主动的暂时的回避。但是，这不属于病态。具有回避型人格特征的人，他们的回避带有强迫性、盲目性和非理智性等特点，自己主观上不想回避，却身不由己。

姚强有比较明显的回避型人格特征，逃学、上网不过是回避型人格特征的一种表现。一个有回避型人格特征的学生，常常想逃避学校生活，想退缩到一个人的小天地里，而网络正好是一个可以逃避的地方，而且，在这里心灵也可以得到慰藉和满足。

姚强的案例很有代表性和启示性。

我们知道，生活在网络时代几乎谁都离不开网络，但是，绝大多数人并没有网络成瘾，网络成瘾的只是少数人。为什么？青少年网络成瘾的背后，往往存在着这样或那样的心理障碍。网络成瘾不过是症状，心理障碍才是症结。这很像发烧的背后往往是哪里发炎一样，发烧只是症状，发炎才是症结。换句话说，网络成瘾不过是心理障碍表现出来的一个出口，没有这个出口，心理障碍还会在别的出口表现出来。网络成瘾的背后是心理障碍。可是，我们往往只看到了网络成瘾这个表象，却看不到其背后的心理障碍。这也许正是很多青少年的网瘾没有得到很好地矫治的一个重要原因。

现在我们知道了，青少年网络成瘾的背后是心理障碍。那么，造成青少年网络成瘾的心理障碍的根源又在哪里呢?

现在我们回到姚强的案例中来。姚强的回避型人格特征是怎样形成的呢?

回避型人格特征形成的主要原因是自卑心理。姚强的自卑是显而易见的。吞吞吐吐的谈吐，畏畏缩缩的举止，以及习惯了的弓腰缩背的姿态，都让人分明看到了两个字：自卑。

那么，姚强的自卑心理又是怎么来的?

心理学告诉我们，自卑感往往起源于人的幼年时期。由于无能而产生的不能胜任和痛苦的感觉，也包括一个人由于生理缺陷或某些心理缺陷，就会产生自己在某些方面不如他人的体验，这就是自卑的萌芽。

姚强的自卑源于家庭生活、源于父母的影响。姚强的父母都是事业心很强的人，为了事业，为了发展，硬是结婚六七年才要孩子。当然，两个人也确实发展得都不错。但是，父母对孩子期望过高、要求过严、责怪过多，对孩子有较多的消极评价。结果呢？孩子得不到认可，得不到肯定，这让孩子变得越来越自卑。再有，姚强父母作为大龄父母，对孩子有太多的溺爱，从而剥夺了孩子锻炼的机会，使得孩子生活能力较差，也加重了孩子的自卑。自卑，怎么办？逃避，回避，退缩，便是自然而然的出路了。于是，回避型人格特征慢慢形成了，心理障碍也形成了。你看，问题家庭就是这样“培养”出了问题孩子。

大量的案例告诉我们，有些青少年之所以网络成瘾，并非是因为里面的色情和凶杀等刺激性的信息，而是因为网络可以让青少年得到心理需求的满足。在网络世界里，他们才找到了感觉，找到了存在感和价值感。

姚强问题解决的关键，不是矫治网瘾，也不是惩罚逃学，因为那不过是扬汤止沸。只有亲子协作、共同调整，矫正回避型人格特征，才能釜底抽薪，才是根本之道。

第一个重要的方面，是主动地自我调整。

自我调整首先是消除自卑，重建自信。我讲了这样一个故事：

有一个少年，他认为自己最大的缺点是胆小。为此，他很自卑，觉得前途无望。一天，少年鼓起勇气去看心理医生。心理医生听了他结结巴巴的诉说之后，十分喜悦地握住他的手，说：“这怎么叫缺点呢？分明是个优点嘛！你只不过非常谨慎罢了，而谨慎的人总是很可靠，很少出乱子。”少年有些疑惑：“那么，勇敢反倒成为缺点了？”医生摇摇头：

“不，谨慎是优点，而勇敢是另一种优点。只不过人们更重视勇敢这种优点罢了，就好像白银与黄金相比，人们更看重黄金。”心理医生又说：“假如你是位战士，胆小显然是缺点；但如果你是位司机，胆小肯定是优点。如果你现在仍然认为胆小是缺点的话，与其想办法克服胆小，还不如想办法增长自己的学识、才干，当你拥有较多见识，拥有较大视野的时候，即使你想做个懦夫，也很困难了！”

这个故事给了姚强很好的启迪。他认识到，一要正确认识自己，提高自我评价。形成自卑感的最主要原因，是不能正确认识和看待自己。因此，要消除自卑心理，就要从改变自我认识入手。要善于发现自己的长处，肯定自己的成绩，不要太在意别人的评价，不要把别人看得十全十美，把自己看得一无是处，要看到他人也会有不足之处。二要正确认识自卑感的利与弊，提高克服自卑感的自信心。自卑的人不仅要正确认识自己各方面的特长，而且要正确看待自己的自卑心理。自卑的人往往都很谦虚，善于体谅人，不与人争名夺利，安分随和，善于思考，做事谨慎，一般人都较相信他们，并乐于与他们相处。三要进行积极的自我暗示。当面临某种情况感到自信心不足时，不妨自己给自己壮胆：“我一定会成功！”少给自己负面暗示就会产生自信心。

自我调整还要不再回避人际交往。

具有回避型人格的人，都存在着不同程度的人际交往障碍。因此，姚强要给自己定一个从易到难的交友计划。比如从给同学打个电话开始，到见面聊聊天，再到互相串串门，最后到共同活动。逐渐地就会习惯人际交往，从而改变回避型人格。

第二个重要的方面，是家庭积极地合作调整。

姚强的改变还需要家庭的积极配合，其父母亲要对亲子关系、家庭生活，做出相应的调整。这才是真正的釜底抽薪，才能从根本上解决问题。

因此，我与姚强的家长做了较多的交流。他的父母有了较深的领悟，他的妈妈还流下了追悔的眼泪，深深追悔因为过高期望而给孩子造成的压力和打击。最后我们取得了以下共识。一是家长要努力调整对姚强的期望，把期望降下来，多提供正面评价，帮助孩子重新找到自信。二是支持姚强积极交往，锻炼交往能力，并对姚强的改变及时给予鼓励。

经过几方面的积极努力的配合，几个月后姚强逐渐淡化了回避型人格，慢慢开始了正常的学习生活。让姚强父母感到奇怪的是，姚强的网瘾也不消自灭了。

其实，说奇怪也不奇怪：消炎了，自然就退烧了。心理障碍化解了，现实生活正常了，哪里还有什么网络成瘾？

## 与教师共同深入探讨

学生的网瘾问题，会影响学校教育吗？答案当然是肯定的。学生的网瘾问题，不仅是困扰家庭教育的问题，也是困扰我们学校教育的问题。

为什么学生会网络成瘾？一个男孩曾经告诉我：您知道我们为什么那么迷恋网络游戏吗？在网络游戏中总能得到“你真行！”“你真棒！”“你又成功了！”的评价。在家里，在学校里，多少年来都没人给过我这样的评价了！这，就是青少年的心声。这心声告诉我们，青少年网络成瘾的一个更普遍的现实原因是，网络生活比现实生活更能满足青少年的心理需求。不错，在中小学生的现实生活中，也有赞许和奖励，也有掌声和鲜花。可是，那几乎成了极少数学生的专利。大多数学生哪有这样的幸运？于是，有些学生只能到网络游戏中去寻求心理补偿了。

那么，我们应该怎么办？

作为教师，如果发现学生有了网瘾，可能会采取一些强制性或惩戒性的措施，甚至难免围追堵截、软硬兼施一齐上，但是，切忌一味头疼医头、脚疼医脚，不要忘了与其扬汤止沸，不如釜底抽薪。所以，我们首先要做的是，从心理学的视角，好好看看背后的原因是什么，也就是说，一定要看看网瘾背后，学生的心理是不是出了什么问题，学生的现实生活是不是出了什么问题。

一是要了解学生的家庭生活。

就心理咨询实践来看，网瘾问题往往起源于心理障碍，心理障碍又往往起源于家庭生活。在这一点上，前面的案例很有代表性，给了我们很好的启示。所以，如果我们发现自己班上某个学生有了网瘾，迷恋网吧，迷恋网络游戏，我们应该第一时间与家长取得联系。

联系家长，并非简单的告状，并非让家长领回家去了事，而是和家长进行具体详尽的沟通，了解学生的家庭生活现状、家庭教育状况，帮助家长找出不利于孩子心理健康的家庭问题。接下来，教师要给家长提供可行的建议，帮助家长积极做出改进。如果问题比较复杂，可以介绍家长和孩子一起进行专业的心理求助。前面的案例中，正是通过老师的帮助，姚强一家才开始心理咨询的。

二是反思学生的校园生活。

说到这里，我眼前浮现出这样的画面：那么多初高中毕业生，毕业离校之前把自己用过的教材或教辅书，要么撕得粉碎，要么烧为灰烬。真不知道，在他们心里中学时光中有多少幸福快乐的时刻？不错，校园永远不可能成为游乐场，但是，学生的校园生活，不可以多一些丰富多彩吗？学习活动永远不可能只是快乐的游戏，但是，我们的教育教学活动，不可以给学生渴盼成功的心理需求多一些满足吗？

我们今天的中小学教育，需要反思的问题实在太多了。这当然不是光靠哪一位教师就可以解决的。但是，我们每个教师并非无能为力。从我做起，从我这堂课做起，让我们的教育教学活动，少一些疲劳战术，少一些题海战术，多一些快乐体验，多一些成功体验，这是我们可以做到的，只是需要我们多花些工夫。

大家知道，作为师范生公共课的心理学，学生很少买账，睡觉、逃课，是常有的事。当年，我教心理学课，学生上课却非常积极。直到多少年后，一位已经当了教育局长的学生，还真诚赞叹："当年我们上师范，就两门课不睡觉、不逃课，一是体育课，一是您的心理学课，轻轻松松就学会了，考试不用怎么复习就通过了。"其实我心里清楚，自己为每一节课花了多少工夫。说起这件往事，不是王婆卖瓜，我是想说，如今那么多优秀教师，他们的教育教学活动能够受学生欢迎，一定都花了足够的功夫。

我敢说，我们多花一些这样的功夫，我们的学生就会少一些网瘾。

# 28. 我怎能一败涂地

## 心理案例：他是不是脑子有病了？

这是一个让不少人感到意外的消息：长胜因病休学了！

长胜是谁？长胜是个高一男孩，一所重点高中里重点班的班长。这样一个学生，够出色，够优秀，自是不必说的。身体呢，也是棒棒的，而且长得一表人才。这样的一个男孩，怎么就休学了？他得了什么病？

长胜是家中的独子，是父母的心肝宝贝，从小成绩优秀，在师长的赞扬声中长大。小学毕业后，长胜凭自己的实力考入了一所重点初中。到初中后，他的成绩更是一路飙升到了年级前三名；班上的第一名，更是非长胜莫属，"常胜将军"是大家送给他的美称；班主任和各科老师，更是不断给长胜加油鼓劲。初中毕业后，他又凭自己的实力考入了重点高中的重点班，并且当上了班长。也许是这几年的生活太顺利了，长胜真把自己当成了"常胜将军"，觉得自己能力超群，只要是自己想要的，都会无往而不胜。

可令长胜没想到的是，重点高中的重点班里，人才济济，强手如林。入学一个多月后的第一次考试，长胜不再处于领先地位，只考了个中游。这让长胜承受不住了，他想，我还有何面目再继续当这个班长？几天后，长胜提出辞职。班主任老师做了很多工作也没留住。辞去班长职务后，长胜并没有得到解脱，眼看别人当上了班长，反而压力更大了：觉得自己一无是处，谁都比自己强，但是，心里又不服气，对谁都不服气，一时间搞得同学关系紧张，心灵陷于极度的矛盾和焦虑之中。

老师也发现了长胜的异常情绪。就在老师准备找长胜谈话的那天，有同学报告说长胜喝了农药。这可吓坏了老师和同学们，赶紧把长胜送到医院抢救，这才化险为夷。可从那之后，长胜上课没法学习，作业不能完成，精神状态完全垮了。而且，后来又有过两次自杀的迹象，一次是有人发现他晚上在湖边转悠，一次是有人发现他在四楼的窗口愣神。

长胜是不是有病了？老师和家长取得了联系。沟通的结果是，长胜提出休学两年，明年重读高一。家长也想借休学的机会，给孩子一边治疗，一边调整。

就这样，长胜开始了漫长的休学生活。

回到家里，长胜更是焦躁不安，总是拿着课本也学不进去，晚上不睡，早上不起，还动不动就对父母大发脾气。父母觉得孩子真是病得不轻，赶紧带孩子去看医生。他们先后去了几家医院，吃了不少药，花了不少钱。转眼大半年过去了，结果怎样呢？长胜不仅没有好转，反而精神更加萎靡，脾气更加暴躁，状态更加崩溃，而且总是犯困，总是发呆，一点精气神也没有了……

当他们又来到一家医院的时候，医生认为长胜的问题不是吃药能解决的，建议进行心理咨询。再说眼看休学期限已满，长胜这种状态怎么能重返校园？无奈之下，长胜一家辗转跟我取得联系，开始了心理咨询。

长胜到底怎么了？

为了进一步探究长胜问题的来龙去脉，在了解了上述情况后，接下来，我与他们母子分别进行了详尽的交流。

长胜母亲愁苦无奈地介绍说：

“孩子从小就好面子，虚荣心强，喜欢争强好胜，谁要比自己强了，就嫉妒，就生气。上初中后，由于成绩不断提高，孩子更觉得自己非同一般，是个了不起的人物，而且还经常说自己将来要当领袖，要当伟人。

“就这样，孩子经常看一些古今中外的名人传记，总想当大人物。对我们家长也越来越瞧不起，认为我们没有品味，我们的工作都是低级劳动，甚至直接说，他将来不能过这样的生活。

“中考考进了区重点高中，家里人都很高兴，他自己却还觉得失望，认为没有考进市重点高中是个失败。谁想到刚进高中不久就病了，医生说他得了抑郁症，还得了焦虑症。可是，经过大半年的治疗不但没见好，他的状态反而更不好了，整天坐立不安，更听不得别人说什么，我们一说，就对我们大发脾气……”

长胜自己却这样侃侃而谈：

“我觉得人活着就得有一个目标，就得有一个理想，就得做出一番事业。像很多人那样平平庸庸、碌碌无为，有什么意思？

“我自认为是个有理想、有抱负的人，自认为不是平庸之辈，初中三年大家都叫我‘常胜将军’。没想到刚进高中就弄了个中游，我怎能如此一败涂地？当时，我就是受不了自己的失败，不知如何是好，才闹出了那些让人担心的事情。

“随后，我就想东山再起，等待时机重新找回我曾经的辉煌。既然大家说我有病得治疗，我正好休学，准备重读高一。没想到医生说我的病需要吃药，更没想到吃药大半年我的心态越来越糟糕，而且真的越来越病态了……”

至此可以诊断，长胜的问题，既不是抑郁症，也不是焦虑症，他的问题主要是自恋型人格特征惹的祸。

具体说来，自恋型人格特征的主要表现为：1. 无法接受别人的拒绝和批评，直接反应是愤怒、敌意，甚至会采取报复行动。2. 认为别人的关注、赞美、帮助是理所当然的，喜欢颐指气使地要别人为其服务。3. 自我评价极高，自我中心意识太强，渴望别人持久的关注。4. 对无限的成功、权力、荣誉、美丽或理想爱情有非分的幻想。5. 缺乏同情心，对人冷漠，很少能设身处地理解别人的情感和需要。6. 责任感弱，做错事总会寻找借口为自己解脱。7. 热衷与他人竞争，希望以打败他人来证明自己的优越。8. 对比自己强的人充满嫉妒与敌意。

只要符合上述项目中的 5 项，就可以诊断为自恋型人格特征。

综合如上情况可以看出，长胜的自恋型人格特征是很明显的，最突出的表现是以“常胜将军”自居。一次考试成绩居中，放在别人身上，也许算不上什么失败，可对如此自恋、如此自我膨胀的“常胜将军”，那简直是一败涂地了。这怎么承受，怎么面对？如此心态，怎能不焦虑，怎能不抑郁？

长胜的休学，潜意识里就是一种逃避。但是，青春躁动的年龄特征，让闷在家里的“常胜将军”犹如关在笼子里的一头狮子，自然更加焦虑，更加抑郁。但这并非焦虑症和抑郁症，盲目的药物治疗自然难于奏效。

自恋型人格特征是怎样形成的呢？

生活早期来自父母或他人的经常的过分宠爱和过高评价，是滋生自恋型人格的温床。从长胜的例子我们不难看出这一点。长胜作为一个聪明的男孩，在童年时期，受到了过多的关注和过多的赞赏。同时，作为家中独子，又太少承担责任，太少受到批评与挫折。从小学，到初中，到高中，一路走来，师生送给他的鲜花与掌声，更强化了他的自恋人格，让他更以自我为中心，自我重视，自我膨胀，自我评价过高，自认为才华出众、能力超群。于是，面对进入高中后的考试受挫，他自认为是“一败涂地”了，承受不住了，开始休学回家。

心病还需心药医。要想帮助长胜真正告别心病重返校园，必须通过各种措施化解自恋型人格障碍，从自我膨胀回归对自我应有的一颗平常心。针对长胜的情况，在后续的几次心理咨询中，我主要从以下几个方面进行了心理疏导。

第一是促进认知领悟。

长胜虽然经历了一次挫折，但由于心理上没有什么调整，自恋型人格特征很可能还是根深蒂固的。果然，当我问道：“如果重返校园，你有怎样的打算？”长胜又开始激情满怀、振振有词：“历经坎坷，不改其志。重返校园，我不张扬，深藏不露，但是，我一定要夺回我过去的辉煌，一定要东山再起，要不，我这一年休学不是白休了！”很明显，长胜依然相当自恋。

有时候，人只有被挤到墙角才知道转身，被逼到绝路才会回头。为了帮助长胜迷途知返，我不得不把长胜往墙角里挤：“如果以这种近乎‘复仇’的心态复学，那么，很快你就会旧病复发再次休学。如果你不能换一种心态，我们的心理咨询关系也很难继续保持。”长胜听懂了我的意思，突然转弯：“不，您不能放弃我，我要换一种心态……”

看时机已到，我们就自恋型人格特征及其矫正，进行了深入沟通，其中涉及自我与他人、优点与缺点、成功与失败、理想与现实、责任与义务等等的关系和界定。同时，我建议长胜开始写成长日记。

再一次来访时，我看到长胜在日记中深有感触地写道：“经过心理咨询，内心有一种颠覆的感觉，不再野心膨胀了，不再想当伟人了，休学前辞去班长的问题，也能重新认识了。复学之后，我要低调，不进重点班了，也不争名次了，尽力而为，这样会轻松一些吧。”

第二是停止盲目服药。

心理出现障碍，有时候是需要药物治疗的。但是，盲目的药物治疗，不仅无效，还会有副作用，这个副作用不仅是生理上的，更是心理上的。心理咨询中经常遇到类似长胜这样的案例，来访者盲目吃药很长时间，结果导致“病人角色认同”，越吃药越像个病人，严重妨碍了心理障碍的跨越。

因此，在认知领悟的基础上，从长胜第二次来访时我就提出尝试停药的建议。长胜和家长非常理解，也切身感受到药物的副作用，同意尝试停药。停药后，每周沟通一次情况，结果无任何异常反应，而且，由于认知调整的作用，长胜的烦躁不安逐渐减轻，心态逐渐平和。

在一次电话沟通中，长胜的母亲高兴地告诉我："停药这么长时间了，孩子没有什么不好的反应，心情好多了，平静下来了，不再烦躁了，也不再坐不住了，以前白吃了那么多药，真不如早做心理咨询了。"

第三是改变生活状态。

人的心理状态与人的生活状态，密切相关，互为因果。从改善心理状态的角度说，改变生活状态是非常必要的。长期休学养病，无所事事的生活状态，确实加剧了长胜心理问题的严重性和复杂性。为此，在第三次来访的时候，经过与长胜和家长的反复协商，共同做出了一个决定：改变生活方式，开始过正常人的正常生活。

具体措施包括：一是调整作息时间。逐步恢复正常的作息时间，按时作息，特别是无论如何坚持按时起床。二是调整活动内容。暂时完全停止读书活动，逐步开始力所能及的现实活动，比如协助家务，比如给人打工，总之，不能闲在家里。三是调整读书内容。如果作息时间和活动内容得到了调整，可以在闲暇时间读书，但暂时不要读课本，可以看一些适当的心理健康读物。针对长胜的情况，我向长胜推荐了我的《主宰你的情感》《塑造你的性格》等书。

再次来访的时候，长胜的精神状态有了明显的好转。长胜母亲说，孩子的作息正常了，生活也正常了，特别是走出家门开始打工，像变了一个人，心情好了，也懂事了，对父母态度好了，还帮助父母做家务。

长胜自己说，两本书都看了，他触动很大。我看到他在日记中写道，走出家门的打工经历让自己对许多东西有了新的理解，比较能够正确看待自己，正确看待他人，特别是更理解父母，更懂得了父母的艰辛和伟大……最大的教训是，过去把自己看得太高了；最大的收获是，重新找回了自我……

最近一次见到长胜，是在新学期开学三个月的时候了。只见长胜脸上露出了久违的舒心笑容。他告诉我：现在终于体会到了，把自己当个平常人，感觉真好！

## 与教师共同深入探讨

长胜的故事，给我们教师什么启示？就防治学生自恋型人格特征来说，我们教师也可以有所作为吗？答案当然是肯定的。

我们在工作中要善于放远眼光，预防学生的自恋型人格的形成。

在长胜自恋型人格特征的形成过程中，我们不难发现，教师的盲目鼓劲加油，有不可推卸的责任。透过长胜的故事，我们仿佛听到了那么多教师在说，常胜将军，加油！努力！继续加油！继续努力！胜利属于你！第一属于你！稍加思量，我们也就不难理解，这对长胜自恋型人格障碍的形成，至少起到了推波助澜的作用。

教师鼓励学生当然没有错，教师鼓励学生力争上游也没有错。但是，我们不能一味地这样做，不能盲目地这样做，不能只顾教学的短期效果而不管学生的长远发展，不能只顾鼓励学生为了眼前的分数往前冲，而不顾培养学生潜在的长期的健康的心理品质这个发展后劲。我们在鼓励学生力争上游的同时，还必须培养学生的平常心，教会他们做个平常人。

我们应该引导学生懂得，你可能的确有出众的才华，你可以因此而得到赞许与荣誉。但是，这些并不能赋予你某种不公正的权力，你也并不能因此轻视他人。当你没有如愿以偿地超过他人时，也并不意味着你低人一等。你必须懂得人人平等，这样你就会知道，应该尊重他人而不是唯我独尊，就会减少竞争对你的诱惑，就会减少挫折对你自尊的伤害。

我们应该引导学生懂得，过分膨胀的自我中心观念，来源于童年时父母或他人对你的过高评价。尽管这不是你的错，但在你的成长过程中，你完全可以改变这个错误认识，特别是当你受到批评或遇到挫折时，你要抓住这个成长的机会。

我们还应该引导学生懂得，学会关爱别人。唯有如此，才能体会到放弃自我中心是一种明智的选择，才能体会到通过爱，可以超越自我，成就人生。

如此，我们才能帮助学生避免形成自恋型人格，促进学生心理健康发展，形成健康的人格特征。这才是真正为学生未来的长远发展着想。

# 29. 男孩的脾气哪里来

## 心理案例：和老师发生激烈冲突

萧山是一个六年级男孩，最近一次和老师发生激烈冲突。起因是作业写得不好，老师要求重写，萧山不听，就和老师对着干，对老师大发脾气。萧山的这种表现，并非偶然，他已经不止一次和老师发生这样的冲突了。萧山经常因为一点小事，就和老师发脾气，越说越不服；和同学也经常发生冲突，甚至大打出手。学校请来家长，说萧山可能有什么毛病。家长也感觉确实是孩子有问题，于是带萧山来访了。

孩子与老师发生冲突，家长适当管教就是了，为什么要带孩子来做心理咨询？萧山的人际冲突背后，是否有什么心理障碍？

沟通过程中，萧山的父母介绍说，萧山从小就拧，脾气非常大，许多事情都得由着他，不由着他，就犯拧，就发脾气，因此从小就经常挨打，可是越打越不服软，真是让人没办法。所以，经常是不了了之，孩子几乎每次都成了胜利者。萧山和别人也经常发脾气。记得入学的第一天，他就把教室里的桌子掀翻了。起因是刚进教室他先占了一个座位，出去一趟再回来，别的同学坐在了这个座位上。于是，他就跟人家大打出手，最后掀翻了桌子。后来，在学校里也常和同学、老师发生冲突，而且年龄越大这种情况似乎越严重了。

看来，萧山存在明显的人格问题，这种人格问题属于攻击型人格。

那么，萧山的攻击型人格是怎样形成的呢？

通过进一步的沟通，我了解到，萧山出生于两代单传的家庭，萧山的出生，曾祖辈、祖辈、父辈，三代人的关注程度可想而知。再加上萧山是不足月出生，几代人更是千般疼爱，万般呵护，简直不知如何疼爱是好了。于是，萧山成了全家的“中心”，一家几代人围着萧山团团转，特别是爷爷奶奶，更是不让任何人对萧山说半个“不”字。于是，萧山从小就学会了发脾气，稍不顺心就大哭大闹。全家人都说孩子脾气大，性子拧，这成了全家挂在嘴边的话。既然孩子脾气大，对孩子就更得百依百顺了。

转眼，萧山长大了，父母感觉到孩子越来越不像话，才开始管教。哪知道这时孩子已经不服管教了。没办法，妈妈就对萧山动手打，可是越打，孩子越是对着干。最后往往是大人先住手休战，妈妈气得大哭，孩子反倒成了得胜将军。于是，全家人又有了新发现：孩子越打越拧，这也成了挂在大人嘴边的话。就是在咨询会话的过程中，萧山的父母也是把“孩子脾气大”“越打越拧”挂在嘴边，说了无数次。

萧山的问题再一次证明了，问题出在孩子身上，根源往往在父母身上，在家庭教育特别是早期教育的失误上。

首先，早期过度地溺爱和娇宠，让萧山从很小就形成了强烈的自我中心倾向。如此的自我中心，怎能容忍父母的管教？于是，就以对抗“还击”父母，而且这种反应还会迁移到别人身上，对别人也容易进行攻击。

再有，萧山稍大后父母动辄打骂的攻击行为，一面让被娇宠惯了的孩子感到心理严重受挫，容易诱发孩子的攻击行为，一面给孩子提供了最直接的榜样，使其容易模仿家长的攻击行为。而且随着孩子逐渐进入青春期，心理年龄特征使其攻击行为更加容易出现。如果不及时调整，随着孩子年龄的增长，还有可能直接以打骂“回报”父母。

此外，还有一个重要的家教失误。就是萧山的家人把“不听话”“脾气大”“越打越不怕”之类的话挂在嘴边，不断地、反复地说给孩子听，对孩子起到了一种强烈的暗示作用。孩子常常是按照父母没完没了的评价发展的：总说孩子不听话，孩子就会越来越不听话，总说孩子脾气大，孩子的脾气就会越来越大。在心理学上这叫做“标签效应”。

正是这诸多原因的共同作用，让萧山形成了攻击型人格。这便是萧山与老师大发脾气的心理根源。

沟通至此，萧山的父母深有领悟，都流下了追悔的泪水。母亲追悔地说：“以前就觉得是我们家长有问题，可不知道问题出在哪儿。今天全明白了，您越说越对路，说得太准确了。都怪我们没有教育好孩子。我们以后该怎么办呢？”

原因明确了，往往也就找到了办法。

经过沟通，与萧山父母取得共识：一是破除孩子的自我中心，回归孩子在家庭中的正常地位；二是消除负面评价，多给孩子正面评价，利用积极的标签效应；三是停止打骂，增进沟通，从根本上改进亲子关系。这样，正常的亲子关系模式，就会逐渐迁移到其他人际关系上去，孩子攻击型人格特征也就逐渐化解了。

和萧山做了很多交流，萧山表示：自己也很后悔，知道了和老师大发脾气是自己不对，回去要和老师道歉。也不知怎么回事，有时候就是控制不了自己。我教给萧山一些自我控制的技术。萧山表示要努力学会控制自己，不再和爸爸妈妈对着干，不再气他们，不再乱发脾气，要做一个好孩子。萧山的妈妈把孩子拉进怀里，当面表示以后不再动手，要当一个好妈妈。最后，我们与萧山“拉钩”，三方立下君子协定，相互监督。

后来连续的反馈信息表明，萧山的家里没有了亲子战争，萧山在学校里也没有出现以前的问题。我知道，萧山的人格正在逐渐恢复健康，开始了正常的发展。

## 与教师共同深入探讨

攻击型人格特征，以行为和情绪具有明显冲动性为主要特征，是青少年常见的一种人格特征。具体说来，通常有以下特点：1. 意志力薄弱，情绪急躁易怒，容易冲动，难于自控。2. 性格鲁莽，有攻击性和盲动性。3. 冲动的动机可以是有意识的，也可以是无意识的。4. 行动反复无常，行动之前有强烈的紧张感，行动之后体验到满足或放松。5. 心理发育不健全和不成熟，经常导致心理不平衡。6. 容易产生不良行为和犯罪倾向。上述特点可以说是主动攻击型人格障碍的表现，此外，还有一种被动攻击型人格障碍，虽然没有表现出对人的主动攻击，却被动对抗，顽固执拗，不服管教。不言而喻，一旦条件适宜，被动型就会转变成主动型。萧山的情况就是这样，兼有主动和被动两种情况，对父母老师是不服管教，对同伴就敢大打出手。如果任其发展下去，对成人也会有主动攻击行为。

攻击型人格障碍产生的原因，主要有以下几个方面：

一是生理原因。有些攻击行为有其生理基础。比如，小脑成熟延迟，传递快感的神经道路发育受阻，因而难于感受和体验愉快与安全，可能是攻击行为发生的因素之一。另外，攻击行为还与人体内分泌腺和雄性激素分泌过多有关。

二是心理原因。首先是心理年龄特征。进入青春期的男孩，特别热衷于对男子汉角色的认同和片面理解，因此，他们会在同龄人面前，特别是有异性在场时表现出较强的攻击性，以证明自己是一个男子汉。其次，自卑的人如果以冲动、好斗来作为心理补偿时，其行为就表现出较强的攻击性。再次，挫折是导致攻击行为的一个重要原因，挫折越大，越可能出现攻击行为。

三是家庭原因。一般说来，孩子的攻击性与家庭教育有较大关系。被父母溺爱的孩子往往个人意识太强，受到限制就容易采取“还击”的行为；专制型的家庭，儿童常遭打骂，心理受到压抑，长期郁结于内心的不满情绪一旦爆发出来，往往会选择较为激烈的攻击行为来发泄积怨。同时，家长的攻击行为，也给孩子提供了一个模仿的榜样。

四是社会原因。描写武打、凶杀的小说和影视作品，也容易引起缺乏分析能力的青少年的认同和模仿，社会上的老实人吃亏的观念等，也会引发青少年的攻击行为。

面对学生身上可能的攻击型人格特征，我们教师可以做什么？

首先，我们应该有所意识。这个案例告诉我们，当中小学生中发生冲突或打架等攻击性行为时，教师不要只想到破坏纪律、违反守则、品行恶劣等等，我们还要从心理学角度想到，学生是不是存在攻击型人格特征。

其次，我们可以有所行动。比如，我们可以根据学生的年龄特征和性别特征，让我们的日常教育教学工作，更有针对性，从而有助于预防和化解学生的攻击型人格特征。再如，我们还可以联系家长，做好这方面的预防和化解工作。又如，我们还可以针对个别学生，做好心理辅导，必要的时候还可以介绍学生接受心理咨询。

# 30. 女孩见“鬼”的背后

## 心理案例：一个见“鬼”的女孩

这天晚上我值班。10 点多钟，熄灯铃声已经响过了，校园一片寂静。

突然，心理咨询室的门又被敲响。我心中一怔：谁？这么晚了，一定情况不妙！正猜想中，一个高中男孩和两个女孩已经站在我的面前。男孩十分焦急、十分害怕地告诉我：“晚自习下课后我讲了一个鬼故事，没想到吓坏了旁边的一个女生，她又哭又闹，浑身打战，她说她怕，说她看到了鬼……”两个女孩更是焦急害怕：“马老师，她这是怎么了？您快去看看吧！她吓得在宿舍里还一个劲儿打哆嗦……”

我随他们快步而去，脑子转得比脚步还快——快速地做着可能的推测。

来到宿舍，只见一位女教师正紧紧地把那个女孩搂在怀里，说她比刚才好多了。经过初步交谈，我知道她叫小丽，并证实了我的推测——“退行行为”。于是，我让她从老师的怀中慢慢坐直了身子，同时让同学们各自去做自己的事。宿舍里恢复了常态的生活氛围。片刻之后，她说：“老师，您去休息吧，我好多了，没事了。”我见她较为平静了，说道：“我知道你现在不怕了，马老师就先走了，好吗？”从女孩点头的神态中我感到没问题了，又对她的老师和同学们做了一番交代，特意嘱咐谁也不要再围着她、劝慰她，更别把她搂在怀里，她不会有事的。明天可以再和我联系。

回来的路上，我的脑子没有停止思索。小丽的表现是因为她在潜意识里运用了一种叫做“退行作用”的心理防卫机制。那么，小丽究竟为什么会出现退行行为呢？

第二天早上，小丽班上的团支书来找我：“马老师，小丽今天平静多了，她昨天是怎么回事？”听了我的解释之后，她问：“那可不可以请您为小丽做一下心理咨询？”

“当然可以，只是心理咨询最好自己主动来访，你们可以提示她一下。”我解释说。

学生之间同伴的影响，是很重要的心理健康资源。几天之后，一个女孩推开了心理咨询室的门：“马老师，我来找您了，我是那天晚上的小丽。”

“噢，是你。”小丽比那天晚上精神多了，我几乎认不出了。

我分析了那天晚上的退行行为之后，说：“马老师知道你心中一定另有故事。可以讲给马老师听听吗？”

“我总希望做一个完美、伟大的人。”她说，“可是我很笨，我什么都不行，我一点也不出色，我总是怕。我怕考试考不好，怕老师说成绩，怕家里问分数，怕落在后面，怕同学们都比我强，怕自己毕不了业，怕自己的脑子坏了，到后来还怕人类要打仗，怕地球要毁灭，怕世界没有了太阳……”

我认真地听着她的讲述，找到了她退行行为的根源。经了解，她在班里至少居中游，考个本科是一点问题也没有的。可是，由于她过分追求完美自律和过高的自我期望心理，使她无视自己成绩很不错这一基本事实，彻底丧失了自信，丢失了自我。这是很痛苦的事，没有比这更让人害怕、恐慌的了。于是，她如履薄冰，每一天都过得战战兢兢。至于后面的“怕”就是由此诱发的强迫意念了。而这种心灵的重负又不好向人诉说，不断地积聚在心里，越积越重。于是，在潜意识里总要寻求宣泄时机，以维持心理平衡。所以，就有了听了鬼故事后的退行行为，幸好老师和同学的关爱，使她心理得到了暂时的平衡。

找到了病根，就可以对症下药了。在后来的两次咨询会话中，我们谈了好多好多，小丽终于破除了盲目的完美主义，走出了自我期望过高的心理误区，找到了一颗平常心。最后一次咨询告辞的时候，由她脸上轻松的笑容，我看到了她心中的阳光。

平常心是每一个人都需要的心灵养分。但平常心并不是让人无所作为，而是让人以一颗平和的心，去努力发挥潜能，创造成功。因此，人还需要自信心这份心灵养分。于是，为了给小丽增强自信心，我请来小丽的班主任和团支书。沟通了小丽的近况后，我了解到小丽能写能画。于是经过协商，班主任和团支书决定回去研究一下，把小丽吸收到团支部的宣传组，负责班级小报和板报的誊写和插图工作。

大约是期末的时候，学校举办了班级小报的展评活动。团委邀请我们心理健康中心参与评选。正当我为同学们创办的色彩纷呈的小报赞叹不已时，一张小报报头上副主编的名字“晓丽”两个字吸引了我。从团委老师的口中证实，这个“晓丽”，就是我曾经接待过的那个小丽。啊，果然是她！我记起了小丽最后一次咨询会话告辞时留下的笑容。我想，小丽现在的笑容一定更加灿烂了。因为她不仅有了一颗平常心，更有了一颗自信心。

## 与教师共同深入探讨

所谓退行行为，是指在遭受外部压力和内心冲突不能处理的时候，借退回到幼稚行为以使自己获得安慰的一种心理防卫机制的外在表现。

人在长大以后，应付事情的方式会变得比较成熟。比方说，小孩一遇到不如意之事，就痛哭流涕，而成人则会强抑悲痛，甚至强颜欢笑。也就是说，成人既要考虑到什么是社会可接受的行为方式，也要考虑怎样的反应才有效且合适。可是，有时人们在遇到挫折后，会放弃比较成熟的行为方式，而恢复使用比较幼稚的方式去应付困难，或满足自己的欲望。比如，成人也会失声叫“妈呀！”，也会哭得“像个孩子”。这就是退行作用或退行现象。人难免有想重新回到未成熟时代、以重温旧梦获得满足的时候。但是，人又总要找一个似乎“合情合理”的机会。吓人的鬼故事，便是小丽表现退行行为的一个“最合适”的机会了。

导致小丽退行行为的根源，是由于她过分追求完美，使她彻底丧失了自信、丢失了自我。

一个学生的自信，不是因为完美，不是因为出色，不是因为名列前茅，更不是因为永远第一。过高的自我期望，过度的自我加压，只能销蚀自信心，让自己的心多一些受伤甚至破碎得难以收拾。如此战战兢兢中怎不生出许多心病来？

然而，这难道只怪学生自身吗？或者，只怪家庭吗？只怪学校吗？只怪社会吗？我们自身呢，我们教师自身呢？我们在日复一日的“教育”中给学生施加了多少压力？我们有多少次高举“爱”的伟大旗帜，怀着“为学生发展”的美好动机和“把压力变动力”的良好愿望，不断地“帮助”学生追求一个又一个进步，攀升一个又一个新高，背负一重又一重压力？

难道压力一定能变动力吗？心灵之树一定要在重压之下才能茁壮成长吗？

身为教师的我们，该怎样给出自己的答案呢？

# 31．男子汉的女孩气

## 心理案例：同学说我有点女孩气

这是一个男孩心灵的困惑：

“我是一个 18 岁的高中男生，一个困惑的问题最近总是缠绕着我。不知从什么时候开始，我身边的同学开始取笑我，说我有点女孩气，做事像个女孩子。这让我非常痛苦。

“其实，我没有什么不正常，也不乏男子汉的气质，只是感情有点细腻，常常多愁善感，甚至看电视也会为主人公的遭遇掉泪，做什么事都考虑得比较周到，有时候喜欢和女孩子一起谈笑。这有什么不好？我不同意片面地把鲁莽粗犷甚至匹夫之勇当成男子汉的标志。难道男子汉就都应该如同李逵一般？

“我知道同学们也没有什么恶意。平时我的善解人意，也是很受大家欢迎的，这让我有不少朋友。但是，一句‘像个女孩子’还是让我有不小的压力。您说，我的自我感觉对吗？我应该理直气壮地接受自己的性格吗？”

## 与教师共同深入探讨

这个男孩的问题，是一个性别气质特征问题。

近年来，心理学界有人提出了“双性化气质”概念，认为男女双性化气质的人，往往同时具有男性气质和女性气质的心理特征。心理学家桑德拉·贝姆还编制了一套心理测验量表，以测定男女双性化气质，并对此问题做过专门研究。

男女双性化到底好不好？贝姆等人在研究中发现，具有男女双性化气质的人在很多情况下能做得更好些，因为他们既有女性气质又有男性气质。也就是说，具有男女双性化气质的人在性别角色心理特征上，往往占了男性气质和女性气质两个方面的优势。至少，在心理特征上具有男女双性化气质的人没什么不好。如此说来，男孩不过是具有了双性化的气质特征，是值得欣慰的。

在回答男女两性为什么始终在相互寻找，不可遏止地要结合为一体的问题时，柏拉图有过这样的解释：很早的时候，人都是双性人，身体像一个圆球，一半是男一半是女，后来被从中间劈开了。所以每个人都竭力找回自己的另一半，以重归于完整。我们也许认为这是幼稚的戏言，其实有着深刻寓意：无论是男性气质还是女性气质，孤立起来都是缺点，造成了片面的人性，结合起来便是优点，是构成健全人性的必要条件。两性气质的区分仅是相对的，从本原上说，它们并存于每个人身上。一个刚强的男人也可以具有内在的温柔，一个温柔的女人也可以具有内在的刚强。一个人越是蕴含异性气质，在人性上就越丰富，在人格上就越完美。柏拉图的寓言与心理学的结论竟如此地不谋而合。

最近，美国心理学家曾对两千余名儿童做过调查，结果发现一个非常有趣的现象：过于男性化的男孩和过于女性化的女孩，不仅其智力、体力和性格的发展大多较为片面，而且智商、情商都较低，表现为综合学习成绩不理想，特别是偏科现象严重，缺乏想象力和创造力，遇到问题时要么缺少主见，要么固执己见，同时，难以灵活自如地应付环境。相反，那些兼有温柔、细致等气质的男孩，和兼有刚强、勇敢等气质的女孩，却大多在智力、体力和性格等方面发展比较全面，文理科成绩均较好，往往受到老师和同学的喜爱。而且追踪研究发现，成年后兼有

“两性之长”的男女，在社会生活里占据更多优势地位。

随着时代的发展，我们不必再固守传统的定型化的性别角色模式，而应给男女双性化气质多一些宽容和肯定。这并不妨碍男孩成为一个好男人，女孩成为一个好女人。正是顺应男女双性化气质的新理念，当今世界上一些发达国家，开始日益流行一种崭新的家庭教育模式——双性化教育。

在这个双性化气质特征的问题上，我们教师应该怎样面对?

首先，在观念上不宜将气质特征区分过清。不少性格气质特征，如热情活泼、独立自主、坚忍不拔、富有责任心、善解人意、无私善良等，应是男女都应具备的，因此应指导学生兼收并蓄。

其次，鼓励学生向异性学习。不论男孩女孩，都应在发挥自己“性别”优势的同时，注意向异性学习，克服自己性格上的弱点，促进身心的全面发展和人格的完善。比如，男孩应该多多学习女孩的细心、善于表达和善解人意；女孩则应该多多学习男孩的刚毅、坚定和开朗。

再次，增加男孩女孩互相接触的机会。学生向异性学习应通过自然而然的接触，我们应为他们提供相互交流和共同活动的机会。在我们的教育教学过程中，特别要注意支持和引导男孩女孩的交往，这是健全人格的一条必由之路。在鼓励他们与异性交往的时候，必须顺其自然，切忌威逼强迫，不然效果会适得其反。

最后，避免学生走向极端。鼓励学生向异性学习也要有“分寸”。要是男孩学过了头，就会显得“娘娘腔”；女孩学过了头，就会成为“假小子”。这自然与培养双性化气质的初衷背道而驰了。

第六辑

# 读懂学生异常心理：跨越你的心障

## 32．我病了，我就是有病了……

### 心理案例：总要证明自己是病人的男孩

赵聪是个初三男孩。

一年前赵聪就开始闹病，家长当然没少带他看医生。医生也没查出他有什么问题，每次只是开点药。吃药也不管事儿，赵聪也就继续病着。到了临近中考的关键时刻，赵聪的病症越来越重了。这时，父母带他开始了心理咨询。有病不去看医生却来心理咨询，这究竟是怎么回事？

赵聪从小就聪明伶俐，父母更是注重早期教育。赵聪三四岁开始学英语，五六岁开始学书法，各种兴趣班没少参加。上学后更是各种辅导班没少上。小学时候，赵聪各科成绩很好，语文更好，语文中作文尤其好，参赛，获奖，数不胜数。小学升初中时，赵聪考了全省最好的一所重点学校，到了学校又被分到了重点班。

进入初中后，赵聪的目标也很高：我一定要考班上前三名。可是没想到，第一次考试赵聪就感觉考砸了。其实也不差，班里的十几名。可在赵聪看来就是考砸了。

到了初二第一学期的期末考试前，家长就觉得他心理有问题了。偏巧这时候，赵聪得了一次重感冒，发烧、头痛、脑子发晕，勉强参加了考试。没想到这一次感冒之后，赵聪就各种不舒服。先是闹失眠，说睡不好觉，后说头疼，又说脑子不好使了。家里赶紧带孩子去检查，还做了核磁共振，都没有查出问题。

其实，这次期末考试赵聪考得挺好，还拿了奖学金。可意外的好消息，并没有让赵聪轻松下来。相反，从此赵聪却越来越怕考试了。

结果，年后开学的第一次考试，可就真的考砸了：平均60多分，最糟糕的是不会写作文了。作文曾是赵聪最拿手的，现在却成了他最害怕的。这让赵聪很受打击，很是郁闷，很是失望，甚至是绝望。由此，赵聪更怕考试了。同时，赵聪的病症也更多了。除了头疼，又开始出现肚子疼，一上学，一考试，就拉肚子。赵聪甚至提出不想上学了。一个尖子生，怎能不上学呢?

暑假里，家长把赵聪转回了老家的一所学校。但是，赵聪的病症有增无减，每天不是脑子不好受，就是肠胃不好受，再不就是心里不好受。而且，对学习也没有了当初的热情，对自己没有了信心，早晨迟迟不起床，不愿去学校。父母感觉，孩子的心陷入了迷茫。这让家长的心也陷入了迷茫。

迷茫中，家长带孩子继续看医生。医生还是没有诊断出什么具体问题。最后一位医生听说他总是情绪不好，就按抑郁症开了抗抑郁药。让家长有点莫名其妙的是，赵聪每次去医院都很积极，每次医生开的药吃起来也都不为难。家长的感觉是，他好像很愿意吃药，很愿意当病人。

就这样，赵聪吃了一年的抗抑郁药。结果呢，不但症状没有缓解，而且整个人好像都没有了朝气，没有了生命力，在病里越陷越深，走不出来了。最后，经过权威的专业诊断，赵聪只是情绪低落，根本不是抑郁症。

但是，在整个咨询会话中，赵聪完全把自己当成了一个病人，总是说“我就是有病了，我的病该怎么办?”。还有一个细节，他反复说起那次重感冒，他说要不是那次重感冒，自己就不会病成今天这样。给人的一个明显感觉是，他随时随地在为自己找理由，总想要证明自己是病人。难怪家长感觉他好像很愿意当病人。

这是怎么回事?

## 与教师共同深入探讨

原本没病的人，为什么总想证明自己有病？为什么总想躲进病里不愿出来？为什么总想当病人？

这不就是装病吗？这样说有点冤枉。从心理角度说，没病闹病，这叫做扮演病人。扮演病人，在心理学上叫做“躯体化现象”，就是在遇到生活困境难以面对的时候，潜意识里会让心理压力转换成某种躯体症状。人们生活中的许多病症，都是心理压力的躯体化。这是人在进行自我心理防卫，以避免内心的痛苦和焦虑。人的自我心理防卫机制，都是建立在潜意识中的，是在不知不觉中发挥作用的。扮演病人是无意的，是潜意识的活动；装病是有意的，是思想意识里的活动。所以他们不是装病，是扮演病人，是躯体化现象。用一句形象的说法，叫做心病跑到身体上。

人的身心有着很奇妙的互动关系。人心理上有了闹病的需要，躯体往往就会很好地配合，从而出现种种症状，出现躯体化现象。不仅如此，有时候还会真的出现躯体疾病。也就是说，有时候我们的身体真的有病了，这个“病”，也是人自己想出来的，也是人需要它，也是为了逃避某些生活困境或心理压力。

很多时候，闹病是人的一种需要。一个人闹病了，常常是他需要闹病。什么时候人需要闹病？面对生活困境的时候，面临心理压力的时候。这时候，人就会闹病，从而回避生活困境，缓解心理压力，应付现实难题。这样说来，闹病就成了人心灵的一个避难所。不错，人的心灵难免需要暂时避难，闹病正好可以满足人的心灵避难的需要。这就是闹病的基本心理功能。

心病跑到身上来，容易跑到身体的哪个部位呢？这就要看哪里需要有病了。通常是，哪里需要哪里病。比如说，需要用脑子的人，压力来了往往是脑子闹病；需要用腿的人，压力来了往往是腿闹病。

赵聪之所以要证明自己有病，之所以要扮演病人，就是因为他遇到了难以面对的心理压力，有了闹病的需要。赵聪的压力是“班上前三名”，可以说都是考试名次惹的祸。由于目标缺乏现实性，自我预感难以实现，随着考试的临近，压力与日俱增。内心预感的“失败”眼看就要既成事实，对于一路成功的尖子生来说，如何得了？如何面对？如何承受？人的心理压力到了无法承受的时候，就会自发地选择逃避困境。可现实中往往无路可逃。实在无路可逃了，这时候人就需要闹病了，就需要扮演病人了。于是，他开始闹病了。而且，由于他是学生，需要用脑子，所以，他的心病跑到了脑子上。这样，病症就成了最合适不过的心灵避难所。在这个避难所里，心灵的痛苦可以暂时得到缓解。

人一旦有了闹病的需要，就会找到闹病的机会。于是，赵聪找到了“那次重感冒”这个机会。其实，不言而喻，所谓机会不过是一个借口，一个托词。所以，没有这个“机会”，还可以找到别的“机会”。总之，需要闹病的时候是不愁找不到“机会”的。

心病跑到身体上，还会得到平时得不到的一些“附带好处”，比如家人的关照，困境的回避，责任的放弃等。不言而喻，赵聪在扮演病人的过程中，必定会得到很多这样那样的附带好处。最明显的一个附带好处就是，他考试名次下降，学习状态不好，父母也不再追究和责难。如果不是闹病了，他这个样子，家长肯定是不答应的。

这些附带好处，又会强化了扮演病人的反应模式，让他躲进病里不愿出来，以至于要不断证明自己有病。可见，这种附带好处实际是害处，结果是使心理问题不能得到及时解决，而是被强化，给身心健康带来长期的消极影响。

如果心病跑到身上来怎么办？

一是认知调节。就是通过沟通交流，促使本人及家人确信，躯体化现象实际上不是病。从而促成本人不再扮演病人，使其敢于面对自己的现实问题。在心理咨询中，有很多成功的案例，都是青少年本人看清自己的问题后，坚决不再扮演病人，顽强自救的结果。

二是行为调节。就是促成本人的积极行动，哪怕还会有症状，也要带“病”学习和工作，而不是逃避生活。这除了需要自己的坚定自救的决心，还需要家人的配合。比如，在当事人出现症状时不再给予特别的关心，而应在他们表现正常时，及时给予关注和鼓励。当然，心理调节需要一个艰难的过程。

# 33. 失忆症：心灵最后的避难所

## 心灵案例：忘记了所有跟学习有关的事

方华是个 13 岁的初一男孩，长得高高大大的。可是，有一天忽然闹起了一种奇怪的病，把全家人都吓坏了。

那是刚进入中学后不久的一天早晨。一觉醒来，父母说该准备上学了，方华却愣愣地说："上学，上什么学，上学干什么？" 父母以为他说梦话："这孩子，还没睡醒？怎么还说梦话？快起来吧，整理好书包，要不上学该晚了。" 方华还是愣愣地："什么书包？我哪里有书包？书包是什么？"

这时，父母才发现孩子已经醒来，但好像脑子坏了，说什么都不知道，什么都想不起来了。不过随后父母又发现，方华忘记的都是学习上的事：忘记了自己是中学生，忘记了自己的学校，忘记了同学，忘记了老师，忘记了所有跟学习有关的事。

这下可把父母吓坏了，妈妈开始抹眼泪，爸爸也有点六神无主了。父母赶紧把方华送到了医院，看了脑内科，看了神经科，都没有检查出大脑有什么问题。这让方华父母心里更没底了：孩子到底是怎么了？

经过进一步的沟通，我了解了事情的起始缘由。

方华没有上过幼儿园，从小是奶奶带大的，作为家族中唯一的孙子，隔代亲的疼爱就不用说了。父母对他也是百般呵护。就是在这样的家庭环境中，方华长大了。

从方华背起书包的那天起，全家人就对方华怀有很高的期望，"好好念书，上个好大学”，几乎成了父母的口头禅。可是，父母越是期望高，方华越是出问题，隔三差五地闹病。大约到了三年级，方华就开始经常闹病不上学了。六年级的时候，方华的症状更严重了。特别是每到考试之前总要闹病，不是头疼，就是胸闷，再不就是肠胃不好，后来干脆是浑身难受。每次闹病，医生都没检查出什么问题。更让人莫名其妙的是，只要一回家就没事了。因为方华总是闹病，父母不敢再说“考个好大学”了，但是心里还是梦想着。

转眼，方华上中学了。第一次月考之后，老师找家长谈话，说方华有进步，希望家长配合来督促孩子，争取考个好高中。父母听了好生欢喜，回到家便急不可耐地和方华谈，铆足了劲给方华加油。方华也劲头很足，表示一定会好好学习，到期中考试一定要拿个好名次。

就在这时候出现了“猪流感”传染病，学校里每天要对学生监测体温。方华因为体温总是偏高而一个月没能上学。后来，虽然传染病流行期过去了，学校不再检测体温了，可是，方华却再次经常闹病而不能上学了。不能上学就在家里学习，父母辅导，或请老师辅导。

可是，眼看就要期中考试了，总不上学怎么行？这一天晚饭后，全家人一起给方华施压，虽然温柔却也猛烈，爸爸说了妈妈说，爷爷说了奶奶说：中心就一个，不能不上学。方华感到再也找不到退路了，最后表示明天去上学，说完就到自己的房间去整理书包和学习用具了。可是，妈妈发现方华刚整理完书包就晕倒了。爸爸妈妈赶紧把方华搀扶起来，请诊所的大夫看了看，说没什么事儿，也就回到家先睡下来。

让人万万没想到的是，第二天早晨起床后，方华就出现了开头那吓人的一幕。

方华的问题，其实就是心因性失忆症的表现。医生也给出了这样的诊断。

心因性失忆症，是一种选择性的反常遗忘现象，是由于心理压力和精神创伤的原因，而产生的选择性失忆。具体说来，心因性失忆症的特征主要有三：第一，原因是心理性的。患者虽丧失对过去经验的记忆，但并无生理上的症状，失忆现象是由心理原因引起的。第二，内容是选择性的。与因车祸等而丧失记忆不同，心因性失忆往往是有选择性的遗忘，比如，只忘记了某一方面的事情，或只忘记了某一时段的事情。第三，发展是阶段性的。心因性失忆都是阶段性的，持续的时间从一两天到几个月，过一段时间通常都能自然恢复正常。

就方华的症状来看，是典型的心因性失忆症。首先，选择性是显而易见的，他的失忆选择了学习方面的事情。其次，阶段性也是显而易见的，来访的时候，方华已经有所恢复了。至于心理性的诱因，更是显而易见的。

方华心因性失忆的直接结果就是，躲过了入学后的第一次大型考试，而且可以每天不上学、不写作业了。一句话，不用面对学习的压力了。

面对压力，我们的心灵都难免会寻找避难所，也难免会逃进病里。但是，一直逃到心因性失忆症里，确实是不多见的。方华为什么会这样呢?

从前面的故事中我们可以看到，病根在家庭，在家庭教育的失误上：一方面是爱，爱护过头；一方面是压，压力过大。爱护过头导致的结果是，孩子心灵难于长大，会形成退缩、退行、回避等人格特征。这些人格特征在学习生活中的表现就是见困难就怕，就躲，就逃。压力过大导致的结果是，让孩子面对学习生活会感到更多的难于面对的困难。于是，越是怕越是感到困难，越是感到困难越是怕，就越是想逃。先逃到病里，逃到病里也不行了，只好逃到心因性失忆症里了。

前面我们已经知道，心因性失忆通常都能恢复正常。这个恢复过程，基本上是一个自然恢复的过程。所以，一般不需要特别的医学治疗，或者说，医学治疗也没有什么好办法。心病还需心药医，更重要的还是当事人和家人进行适当的心理调节。

一是缓解现实压力。如果现实压力有所缓解，适应能力有所改善，生活环境有所转换，心因性失忆往往可以获得缓解，甚至完全恢复。所以，如果了解当事人的心理压力所在，首先是帮助当事人心理减压。其中，心理疏导、心理宣泄、转换环境、提高能力，都有心理减压的作用。一般来说，压力缓解，症状就会缓解。

二是增强心理素质。不论怎样，压力总是不可避免的。所以更重要的是增强心理素质，学会直面生活、应对压力。在平时的生活中，加强心理辅导、增强心理素质、塑造良好人格，引导当事人学会直面生活。直面生活中的困境和压力，有助于避免出现心因性失忆。在出现症状后，更需要做好心理支持和心理疏导工作，当事人一旦心理上可以直面现实问题了，失去的记忆也就可以恢复了。

三是利用事件重演。有的心因性失忆，可以通过事件重演来帮助恢复记忆。所谓事件重演，就是重复当初导致精神创伤的类似情境，这样会激活相关的记忆内容。这个事件重演，常常在自然状态下就会发生。比如，一个偶发刺激恰好与当初的情境相关联，就可能激活相关记忆。必要的时候，可以求助专业人员引导进行事件重演，还可以采取催眠疗法来恢复记忆。

针对方华的情况，应该主要从前两个方面着手。

一是帮助减轻压力。为此，我们做了较多的心理沟通，给予他足够的心理支持，帮助他缓解了学习压力。同时，与老师沟通协商，暂时免除了他的作业，允许他暂时不参加考试。在这个过程中，方华的记忆逐渐恢复了正常。其间，父母还带他去专科医院接受了催眠疗法。然后，引导他逐步投入正常的学习生活。

二是帮助他学会直面生活。为了帮助方华的心灵成长，家庭教育的关键是重新塑造孩子的人格，促进孩子人格的成熟。这是根本。只有人格成熟了，才能学会面对学习压力，也就不用再逃到心因性失忆中避难了。这是一个长期的过程，父母也意识到了这一点，表示要积极合作，帮助孩子成熟起来。

不久，好消息传来，方华的记忆完全恢复，开始了正常的学习生活。

## 与教师共同深入探讨

人在无法承受某些打击或压力的时候，潜意识里就会采取一些保护措施，来进行自我心理防卫。心因性失忆症，从实质上说就是一种自我心理防卫机制，是一种自我逃避，也是一种自我保护。由此可以说，心因性失忆，与其说是想不起来，不如说是不愿想起来，从而让心灵免于面对困境或压力。

具体说来，心因性失忆症的心理原因大致有三个方面：一是生活压力。这个压力可能是持续性的，比如学业或事业上的压力；也可能是突发性的，比如家庭的突发重大变故。二是人格特征。有些人格特征容易出现心因性失忆，比如表演型人格，还有退行型人格、回避型人格等。三是心理素质。这样的人心理脆弱，自我防御体系的阈值较低，难以抵御心理压力和精神打击，遇到困境就容易导致心因性失忆。

就方华的情况来说，他从小学开始的经常闹病，属于躯体化现象。我们已经知道，所谓躯体化现象，就是在遇到生活困境难以面对的时候，潜意识里会让心理压力转换成某种躯体症状。躯体化现象实际上就是一种心因性反应，是心病跑到身体上，是面对压力无处可逃就逃到了病里。

三年级正是一个特殊的转折期，六年级又面临着毕业和升学，对学生来说都是心理压力相对较大的时期。因此，常常有学生在这个时候逃进病里来避难。这也是方华在三年级和六年级时，躯体化现象比较严重的由来。那时候，方华确实也通过闹病而成功地避难——逃避了上学和考试。闹病，成了心灵的避难所。

但是，到了初中后，方华却不能通过闹病来成功地避难了——尽管他病休在家，全家人也要共同敦促他去上学。这让方华感到，自己尽管逃进了病里，还是逃避不了学校和考试的压力，他茫然中感到无路可走了。

怎么办？逃进了病里还不能避难，自我心理防卫就只有一条路了，那就是傻了，就是什么都不知道了。于是，方华逃进了心因性失忆症里。因为失忆可以更好地逃避困境，更好地避难。这样说来，心因性失忆症也就成了最后的心灵避难所。平常说，“眼不见心不烦”，心因性失忆却是连“心”都“不见”了：心里什么都不知道了。于是，方华成功避难，完全没有了烦恼，不用再去面对学习和考试压力了。

这个问题跟我们教师有什么关系吗？

答案是肯定的。很明显，学生中出现的这类心因性失忆，以及其他相类似的心理障碍，往往是因为学习压力导致心理压力，心理压力最终形成了种种心理障碍。学生的学习压力，当然不能全怪老师，然而，学生的学习压力，有多少是老师亲手制造的？

在前面的案例中，在方华出现心因性失忆后，为了化解方华的心理压力，老师做出了积极的调整，这是应该肯定的。但是，我们也看到，当初老师给方华制造的那种善意而温情的压力，也是导致方华心理障碍的一个诱因。

由此说来，对学生中出现的这类心因性失忆，以及类似的心理障碍，我们教师当然应该有所了解。但是，仅仅有所了解是不够的。面对类似的故事，面对如今学生的学习压力，面对学生因为学习压力出现的种种心理问题，我们教师该做怎样的自我反思呢？我们教师又该做怎样的自我调控呢？

# 34. 瞌睡症：暂时躲过了困境

## 心理案例：一天到晚总想睡觉

瑞天是个 8 岁男孩，二年级小学生。本来好好的，可是最近瑞天却突然生病了。主要病症是睡不醒，一天到晚总是犯困，总想睡觉，睁不开眼，走路摇摇晃晃，甚至都要人搀扶。跑了很多医院，相关的检查结果都是没问题。家长实在弄不清这是怎么回事，这一天母亲带着瑞天来到了心理健康中心。

我们先一起做了初步交谈，主要是为了便于对瑞天的直接观察。

令人奇怪的是，眼前的瑞天给人的感觉很正常，行动、谈话、意识，都很正常，也没有睡不醒的样子。母亲也奇怪，说她已经观察到了，瑞天在外面表现得比较正常，每天还能正常上学，接送的时候，跟正常孩子一样。

既然都很正常，为什么又闹有病？瑞天的睡不醒究竟是怎么回事？

安置好了瑞天后，我与孩子的母亲进行了单独交流。

瑞天的母亲介绍说，瑞天开始睡不醒是在一个多月前。那是一天放学后，家长忽然发现瑞天一副昏昏欲睡的样子，也不看电视了，也不玩了，晚饭后上床就睡着了。开始，家长以为是孩子玩累了，也就没在意。后来感觉有点不对劲了，瑞天的觉多，和平常的孩子玩累了觉多不一样。瑞天随便趴在哪里都会睡着。吃饭的时候，都瞌睡得厉害，甚至筷子拿不住，饭碗端不住。因为睡不醒，总是睁不开眼，走路摇摇晃晃、迷迷糊糊的，家人怕他摔倒，就搀扶他走路。好像家长越这样，他越严重。唉，可把家长急坏了！孩子这是怎么啦？

瑞天还有别的连带症状吗？心理诊断需要从多方面了解情况。

随着沟通的深入，瑞天母亲忽然想起来说：“对了，还有就是害怕。本来这个孩子就胆小，好像自从闹病就更胆小了。晚上一个人都不敢睡觉了，必须有人陪着才能入睡，连去卫生间都要人陪着，好像心里有什么害怕的事儿似的。俗话说，病急乱投医。我们带孩子看了多少家医院，都查不出问题来。不瞒您说，我们还带他看了很多巫婆神汉，都没解决问题。我们感觉孩子在家里表现得严重，到外面就好些。孩子到底是怎么回事？这阵子真把我们急死了……”

现在可以初步诊断，瑞天的问题不是躯体疾病，是心病，是心病跑到身上来了。

那么，瑞天到底有什么心病呢？

经过进一步沟通，瑞天母亲想起来一件事。就在瑞天发病的前一天，在教室里，一个同学回头想抄瑞天的作业。瑞天不让抄，就抬手用力地挥了一下手臂，没想到手上的铅笔碰到了同学的眼睛，同学大哭起来。瑞天是个胆子很小的男孩，见到这个状况已经吓坏了。随后同学的家长来了，赶紧带孩子去了医院。班主任老师也着急了，把瑞天叫到了办公室，急躁地大声呵斥：“你看，把人家眼睛弄坏了，你爸爸妈妈要给人家治，万一治不好我看你怎么办？！”瑞天听到老师的话更是吓傻了。庆幸的是，同学的眼睛没大事，很快就好了。这件事慢慢也就过去了。瑞天从来没敢跟父母说起这件事。后来，是老师随口介绍了这个情况。当父母问起来的时候，瑞天还是不说，而且，一直不让任何人说这件事，特别不想听到这件事。

这件事与瑞天的病有关吗？不仅有关，而且可以肯定地说，这就是瑞天的心病根源。瑞天的闹病，用心理学的话说，是一种自我心理防卫机制，是运用了鸵鸟策略。

据说，鸵鸟被敌人追赶而难以逃脱、面对痛苦而无奈的困境时，它的对策是把头埋进沙子里。把头埋进沙子中，就什么也看不见了。看不见了，也就暂时逃避了心灵的痛苦。人有时候也会这样。人在遇到自己难以面对的心理困境时，为了维护心灵免受太大的痛苦，心理上会采取种种方式来回避眼前的困境。由于这和鸵鸟面对困境的对策差不多，于是，就把这种自我心理防卫机制叫做“鸵鸟策略”。

瑞天碰了同学眼睛的事件，让他感觉自己闯了大祸，对一个几岁的孩子来说，这实在太可怕了，心灵陷入极度困境之中。怎么面对困境？平时，当人们感到心理压力太大了的时候，确实容易发困，容易昏昏欲睡。睡觉，的确是一个暂时逃避困境和压力的不错的办法。瑞天就是在潜意识里启动了这样的心理机制：突然闹病了，睡不醒了。这样躲进病里，躲进睡觉里，就没人再提起碰眼事件，让他的心灵暂时躲过了困境。这岂不是很有点像鸵鸟把头埋进沙子中一样？但是，这并不能真正解决问题，事件留在心里的恐惧并未消除。所以，瑞天依然感到害怕。

在瑞天闹病的过程中，家长的过度关注和反复就医，又成了强烈的心理暗示。一方面让瑞天陷进病人角色更难以出来，进一步扮演病人；另一方面让瑞天得到了“意外的好处”，那就是父母家人的呵护与照顾。有好处，就是得到了鼓励。所以，强化了瑞天的症状。这也是瑞天在家里表现严重的原因所在。

沟通至此，瑞天的母亲长长地呼了一口气：“没病就放心了。”转而又问：“现在我们该怎么办呢？”

我的建议是：第一，权当没有闹病这件事，停止治疗等一切相关活动，特别是不要总当着孩子的面谈论他的病。第二，消除“意外的好处”，不在孩子出现症状的时候给予关注，包括过度的呵护、照顾、搀扶等。第三，就当初的碰眼事件，和孩子在轻松的氛围中聊聊天，一面肯定孩子怕伤着同学的好心肠，一面帮助孩子正确认识这件事，消除不必要的恐惧。

大约一个多月后，传来反馈信息，瑞天已经基本上恢复了正常。家长介绍说，特别是就碰眼事件聊天之后，瑞天不仅不再睡不醒，也不再那么害怕了。

## 与教师共同深入探讨

从这个故事中，我们看到，虽然不能说瑞天的心理障碍是老师一手造成的，但是，老师的简单急躁，显然是导致瑞天心理障碍的一个重要原因。也就是说，瑞天的心理障碍也属于师源性心理障碍。

关于师源性心理障碍，在前面的话题中，我们有过较多的讨论。这里，我们要侧重讨论的是，作为教师，我们该怎样担负自己的责任，发挥教师影响力的积极作用，最大限度地减少师源性心理障碍？

一是提高职业道德意识。作为教师，提高自身的职业道德修养，是减少师源性心理障碍的基本条件。这是不言而喻的。

二是增强心理健康意识。首先，我们应对师源性心理障碍这个问题有所认识，意识到教师教育行为对学生心理健康的影响，对此，高度重视，时刻警醒。其次，我们应尽力充实自己的心理健康知识，意识到教师的教育行为，在无意间会对学生产生的心理影响。最后，我们应努力促进自我心理健康水平，做一个心理健康的教师。

三是强化行为自律意识。在日常的师生互动过程中，我们要谨言慎行，对自己的教育行为，对自己的言谈举止，甚至对自己的表情神态，都应尽最大努力自控自律，不给学生带来消极的心理影响。

不难想象，如果瑞天的班主任老师具备了以上三个意识，在事件发生后教育瑞天的时候，就会考虑到一个低年级小学生的心理承受能力，就会把对瑞天的教育做得恰到好处，也就可能避免或减轻瑞天的心理障碍。

也许，师源性心理障碍不可能完全消除。但是，通过自身努力尽力减少学生的师源性心理障碍，我们就可以问心无愧了。

# 35．多动症：让男孩蒙冤

## 心理案例：孩子究竟是不是多动症？

最近，我又一次接待了父母陪同孩子的来访。

这是一个 6 岁多的男孩，刚刚上小学一年级。为了避免消极影响，我把男孩安排在了另一个房间里，递给男孩一本新出的儿童画册，然后，先和男孩的父母进行了初步沟通。

男孩的母亲诉苦说："老师说我们孩子有多动症，上课不能专心听讲，总是做小动作。我们也看到，孩子在家里也不能专心做事情，很少静静地坐在那里写作业。我们就批评他，批评他不专心，批评他坐不住。近来孩子的多动症越来越严重，学习的时候越来越好动，越来越不专心了。您说，孩子的多动症该怎么治呢？"

我必须要了解一个细节："孩子做什么事情都好动吗？"

男孩父亲笑了："不是的，看电视动画片的时候，就特别安静，一动不动。"

我也笑了："那是你们冤枉孩子了。"

当我招呼男孩的时候，只见他正在专注地翻看画册，几乎没意识到我的到来。我明确地意识到，这个男孩根本就没有所谓的"多动症"。

## 与教师共同深入探讨

在我的心理咨询个案中，不少朋友求询儿童多动症问题。我发现有一种共性的认知偏差，就是很多人把儿童的好动混同于多动症。

儿童多动症的症状主要表现为：活动过多，注意力难于集中，情绪不稳，有的还有一些感知障碍。多动症的病因有遗传方面的因素；也有神经心理学方面的因素，比如，中枢神经系统成熟延迟，以及轻微脑损伤等；或者生物化学方面的因素，比如，中枢神经递质代谢缺陷；社会心理方面的因素，等等。

这是大家不难了解的。这里主要谈的是：儿童好动不等于多动症。

由于心理科学的普及，儿童多动症这一概念几乎家喻户晓了。这不能说是坏事。但是，不少朋友把儿童的好动和儿童多动症画了等号，这就把儿童多动症的外延给人为地拓宽了。虽然研究的结果不尽相同，但普遍认为，在总人口中多动症的比例很小。尽管有些学生的确很好动，很像多动症，但并非就是多动症。

那么，多动症之外造成学生好动的原因有哪些呢？

一是年龄偏小。学生年龄小，活泼好动是他们的本性，也是学生和大人的一个最明显的外在区别。反之，小小孩童像个大人似的沉稳不动，反倒真是件令人担忧的事了。

二是气质活泼。人的气质有不同的类型，有一种气质类型叫做多血质。多血质的学生的明显特点就是活泼好动、情绪不稳、注意和兴趣容易转移、做事常常不够专心。年龄越小，气质类型的特征就越明显。

三是智力超常。人的智力是有差别的。有的学生智力确实比一般学生明显高出一截。这样的学生和一般的学生在一起上学，他们就学有余力，教学内容就会让他们“吃不饱”。这些多余的精力怎么办？于是，就常常表现为不注意听讲，活泼好动，时间一长还会形成习惯。结果，让人没看出他们有多聪明，却看到了他们的多动。

四是学习障碍。有些学生可能是在知识上有了较多的缺漏，失去了兴趣和信心，因而面对课本和作业难于集中注意力，总想做点别的事情。

五是教养失当。有些学生还会因为从小教养失当，养成了不能安静的习惯。习惯一经形成是很难改变的，于是，也常常表现为多动。

六是标签效应。在人的心理行为的发展过程中有个很奇怪的现象，就是人常常按照自己期望的方向发展。说得通俗些就是认为自己是个怎样的人，自己就会成为怎样的人。学生呢？更是如此。只是学生更容易受到成人的影响。也就是说，成人认为他们是个怎样的人，他们常常就成为怎样的人。正因如此，他们常常会“证实”成人的评价似乎总是有根据的。因为他们还不知道自己究竟是怎样一个人，成人的评价常常形成他们的自我认知，于是就朝着成人评价的方向发展了。这里，成人的评价如同一个标签，所以心理学上把这种现象称为“标签效应”。就是说，有些学生的类似多动症的表现，是成人不经意间经常的评价“培养”出来的。

儿童的“好动”和儿童多动症怎样区分呢？

一是有无目的性。好动的儿童的活动是有目的的、有序的；多动症儿童的活动是无目的的、杂乱的。二是有无离奇性。好动儿童即使特别淘气，他的好动并不离奇，能为人们所理解；多动症儿童的多动，则离奇得让人难以理解。三是有无选择性，这一条最关键。儿童的“好动”常常在活动内容和场合上具有选择性，比如，在学习活动上表现为“好动”，而在看电视或做游戏等学生自己感兴趣的活动上，则能专心致志；多动症儿童的“多动”在活动内容和场合上是没有选择性的，不论什么场合什么活动，都不能使其安静下来全神贯注，他们都会表现出多动、注意力不集中等症状。

从前面的案例不难看出，如果我们教师能够正确认识多动症，如果我们教师能够正确对待学生学习中的好动，是不是会少些学生被贴上“多动症”的标签呢？

# 36．心中可怕的“小鬼人”

## 心理案例：听到小鬼人反对的声音

一个来访的女孩，讲述了一个有点莫名其妙的心灵故事：

“我是个高二女孩，好长时间以来我感觉自己心理有病了，真的，一种非常奇怪而可怕的病，这让我非常痛苦。

“从我小时候说起吧。我父母由于境遇不好，一生都非常非常努力。从小就不断地教导我：一定要努力，一定要努力。现在我知道，父母的教导就是希望我出人头地，所以他们给我起名叫‘超群’，要我一定要超过别人。

“就这样，从小学到初中，我非常非常努力，父母也对我的成绩很满意。记得初中的时候，我考试成绩总是名列前茅，而且还是学生干部，还担任学校合唱队的指挥，每年都被评为‘三好学生’。可以说，那是我最辉煌的时候，很多风头都被我占尽了。

“可是，到了高中之后，我再也没有像过去那样风光。最可怕的是，我的考试成绩再也没有名列前茅过，只能在中游挣扎。我不是不努力，可是到了高二还是看不到进步。慢慢地我失去了方向，没有了热情，心里一片茫然，生活没有一点快乐，甚至感到学习没用了，总是想，学习好了有啥用？名列前茅有啥用？于是，我对学习成绩也不在乎了，别人爱说什么就说什么，我真的不在乎了，真的！

“可是，我怎么能放弃学习呢？我还是坚持着，还是努力着，上课瞪大眼睛认真地听老师讲课，下课紧张地写作业。可是，更痛苦的事情来了，我发现我上课听不进去了，作业也写不下去了，内心总是有一个‘小鬼人’跟我对着干，总是跟我说一些反对的话。比如，我一想到要好好学习，那个‘小鬼人’就会跑出来说，你别好好学习了，好好学习有啥用；我一想到要努力，那个‘小鬼人’就会跑出来说，你别努力了，努力有啥用。只要我一想到学习，一想到努力，我就会听到那个‘小鬼人’反对的声音。那个‘小鬼人’的声音一出现，我就非常痛苦，非常害怕，就想消灭它，就想轰走它。可我越是这样，那个声音越是强烈，那个‘小鬼人’越是张牙舞爪地对我大声说话。这个‘小鬼人’太可怕了，太邪恶了，太折磨人了，我简直要被它打败了。我该怎么办啊！”

心里总有一个“小鬼人”跟自己说反对的话，乍听起来是不是有点奇怪和可怕？女孩心中的“小鬼人”究竟是怎么回事？根据心理咨询经验，我首先做好稳定女孩情绪的工作，告诉女孩不用怕。心理咨询中，女孩的自救意识很强，领悟能力也很好。经过几次心理咨询之后，女孩心中的“小鬼人”终于慢慢不见了踪影。

## 与教师共同深入探讨

女孩的心理问题属于强迫症，是一种强迫观念，具体说来叫做强迫对立思维。所谓强迫对立思维，就是两种对立的词句或概念，反复在脑中相继出现，让当事人感到苦恼和紧张，如想到“拥护”立即出现“反对”；说到“好人”就会想到“坏蛋”等。女孩心中说反对的话的“小鬼人”，就是这种强迫对立思维，丝毫没有什么奇怪，更没有什么可怕的。

心理压力过大就会导致强迫症。就社会心理因素来说，家庭要求过严，期望过高，使孩子学习过分紧张，或者使其受到强烈的精神刺激等，都会形成心理压力导致强迫症。就个体心理因素来说，争强好胜、过分细致、期望过高等完美主义的人格特征，也容易形成强迫症。

很明显，女孩的强迫症与上面两个因素都密切相关。父母过于期望女孩出人头地，肯定有过于严格的家庭教育。女孩从小学到初中的好成绩，让女孩也形成了过高的自我期望，但是，到了高中却没有了往日的辉煌。这一切造成了女孩沉重的心理压力，导致了强迫症。同时，她的强迫症还有一层心理意义。女孩之所以没完没了地纠缠于强迫症，实质是为了逃避压力，也就是以症状的痛苦来掩盖成绩不好的痛苦。至于女孩的所谓不在乎成绩，其实是一种自我心理防卫，也是为了减轻内心痛苦。就是说，这恰恰表明女孩是个自我期望太高的人。期望越高，失望越大，痛苦越深，就越需要这样的心理防卫：我不在乎成绩。

其实，对立思维的情况我们常常遇到。比如酷暑盛夏的日子里，我们会想“就是天再热也要去上班”，但是心里会有另一个声音说“这么热的天不去上班才好”。女孩也是这样，一面想努力学习，一面可能又想放弃学习，甚至对自己的努力有过怀疑。这原本是人之常情，很多人没有在意，这种对立的想法也就过去了。但是，女孩却认为对立的想法太邪恶，太可怕了，就和它斗争，和它对抗，千方百计想消灭它。结果那种对立的想法反而被强化而驱之不散了，于是就形成了强迫对立思维。

明白了上面的道理就容易找到解决的办法，对于强迫对立思维以及其他强迫观念，消除的办法就是不去消除，也就是顺其自然。我们曾经说过，人的心理活动有一个逆定律。你越是不想让它出现，它越是要出现，你越是和它斗争，它越是要表现强烈。所以，你越是想控制、消灭自己的某些心态或意念，越是把注意力放在了这上面，它反而更挥之不去了。所以，对强迫对立思维等强迫观念，千万不要排斥它、克服它，而应顺其自然，接纳它，带着它照常去做应该做的事情。如此，强迫观念就会慢慢不消而除了。这个过程是个很微妙的过程，重要的是要去实际体验。

当然，上面的方法只是治标。为了治本还要从调整人格特征入手。就女孩的情况来说，要逐渐重塑自己的人格特征，也就是逐渐淡化完美主义人格倾向，扔掉过高的自我期望，学会接纳现实的自我，逐渐培养自己的一颗平常心。

不难想象，假如老师能给女孩这样的帮助，女孩很可能就不会出现这样的心理困扰了。由此来看，即便是学生的某些似乎莫名其妙的心理问题，在做好平时的预防工作上，我们教师一样可以有所作为。

# 37. 小小孩童写“遗书”

## 心理案例：原来是孩子想自杀

这一天，我接待了一对母女的来访。年轻的母亲脸上满是愁苦不堪的表情。我意识到又将面对一个沉重的家教故事。

果然，孩子的母亲话没出口先哽咽起来：“我们夫妇上班的单位离城里很远，所以就在单位的宿舍住。孩子和奶奶住在城里。那天晚上 11 点多，家里一个电话打到我们单位，我们从睡梦中惊醒，才知道是孩子出事了，当夜我们就赶了回去。原来是孩子想自杀，在一个本子上已经写好了‘遗书’，写了好多，给爸爸妈妈的，给爷爷奶奶的，给……”

孩子母亲陷入痛苦的回忆中，久久说不出话，泪水静静地淌了下来。过了很久，才哽咽着说：“那天，孩子不让奶奶和她一个屋子睡。奶奶听到她给同学打电话说想跳楼。孩子又问过奶奶手腕上的血管在哪里，奶奶还发现她找过刀……我们在孩子的手腕上真的发现了一道划破的痕迹……孩子刚刚 12 岁，怎么就会这样啊……”孩子母亲又一次泪水涟涟。

女孩为什么会这样呢？我也在思考这一问题。

孩子母亲终于平静下来了，她述说了其他的一些情况：

“孩子的爸爸就在我们单位的子弟学校里教书，孩子原来也在那里上学，就跟我们一起住在单位宿舍里。她爸爸又比较娇惯孩子，孩子从小在学校里享受了一种特殊的待遇。孩子在学校里一直不合群，不能和同学们正常交往。五年级时为了让孩子考重点中学，就把她转到城里的学校来，让她住在家里，由奶奶照顾。我们很忙，差不多一个月才能和孩子见一次面。我们经常对孩子说，要好好读书，争取考进重点中学。

“可是孩子却越来越不愿意在城里的学校上学了，也经常跟奶奶发脾气，有时甚至跟奶奶对着干。有一次，孩子滑倒了，并不是很重，但是孩子却借口腿疼好几天不去上学。后来因为作业的事老师批评了她，她又不愿意去上学了，提了好多条件，要老师先道歉等等。因为老师是我们很好的朋友，总算帮助我们把孩子又劝回了学校。孩子也是看书太多了。她爸爸看过的书随手扔在床上，她拿过来就看，琼瑶的小说她也看了不少。

“孩子曾经和爸爸说过她心理有压力，她爸爸也没太当回事。可这次孩子说什么也不愿再去城里的学校上学了，想回到原来我们单位的子弟学校。我们怎么做工作都不行。您说孩子到底怎么了？”

问题的答案已经找到，我和小女孩的沟通，又进一步印证了我的判断。

“孩子承受着几乎难以承受的心理压力呀！”我和孩子的母亲分析说，“其一，孩子从小没有养成很好地适应环境的能力，面对一个新环境孩子感到了难以克服的适应上的困难。其二，大人‘考重点’的过高的期望心理，让孩子背上了一个沉重的难以承受的心理包袱。其三，孩子前些年习惯了父母呵护有加的生活氛围，突然让她离开父母，孩子遇到了难以承受的孤独和无助。每个孩子都想当一个好孩子。面对这一切，孩子一定努力尝试应付过。但是，她的心灵和双肩还太稚嫩。她承受不住了，她要本能地防护自己的心灵。于是，她开始和奶奶发脾气，开始找借口不去上学。当这些都不管用时，她走投无路了，她选择了最后的办法。所以，看来好像患者是孩子，其实需要医治的是家庭，是家长。就是说，病根是在你们做父母的身上。您看是这样吗？”

告辞的时候，年轻母亲脸上有了笑容：“我知道该怎么办了。”

后来的反馈信息，让我知道了女孩一切平安。

## 与教师共同深入探讨

这个故事已经过去，可我还是一直心存忧虑。近年来，中小学生有自杀倾向的问题确实已经成为一个让人忧虑的问题。有调查显示：曾有自杀意向的学生占调查者的10.9%，曾做好自杀准备的学生占4%。更为可怕的是，中小学生的自杀率也在不断上升。自杀，如恶魔的阴影笼罩着人们的心灵，威胁着中小学生年轻的生命。

中小学生的自杀倾向从哪里来？

首先是主观内在的原因。无论外部的条件有多么恶劣，也无论中小学生自杀的直接原因是什么，有一点是可以肯定的：凡是采取自杀行为的学生，他们的心理绝大多数是不健康的。归纳起来，引起学生自杀倾向的内因主要有以下几个方面：第一，躯体残疾。具有自杀倾向的学生中，有很大一部分人是身体有残疾，或得了重病乃至不治之症，因而对生活失去了信心。第二，性格弱点。有的学生从小非常任性，想用自杀来发泄不满、补偿自尊、吓唬别人、威胁家长，从而得到别人的重视和注意；有的学生容易走极端，看问题绝对化，一旦遇到一点儿挫折打击，便觉得承受不了；有的学生过分内向，容易忧郁，遇到一点不顺心的事便心灰意冷，意志消沉。第三，心理疾病。比如，抑郁症患者往往有自杀倾向。第四，不良行为。吸烟、酗酒、赌博、吸毒等不良行为都有可能使少年心理发生畸变，最终引发自杀。

再有是客观外在的原因。导致学生自杀倾向的外部原因，概括起来有以下几点：第一，人际关系障碍。可以说，人际关系障碍是引起青少年轻生的主要外部原因。如果学生的人际关系比较和谐，与周围的人能融洽相处，比较容易找到倾诉的对象，内心的种种压抑都会得到缓解。

相反，压力难以缓解，就容易走向极端。第二，家庭关系冲突。父母经常吵架闹离婚，或是偏爱另一个孩子，都易使孩子产生自卑、怨恨心理。如果这时候再遇到挫折打击，就容易产生厌世心理。第三，生活压力过大。前面女孩的案例就是因为感到压力太大了，想要解脱压力。因此，考试失败、受人恫吓、丢失重要财物、亲人突然去世等突然打击，以及生活环境的突然变动，都有可能使感情脆弱的少年难以适应、压力过大、悲观绝望。第四，来自媒体的影响。学生很容易受暗示，他们的自杀倾向具有模仿性。有的学生就是看了电视里的类似情节而自杀的，在上面的案例中女孩也受到了小说的影响。我们不能简单地归罪于这些媒体，但是我们却应该对此给予足够的重视。

对学生的自杀倾向，我们不能掉以轻心。为了防止学生出现自杀倾向，更是为了防止造成悲剧，我们应该注意做好哪些防范工作呢？

一是营造健康和谐的生活氛围。让学生在良好的生活氛围中学会生活，把握自己。二是磨炼学生的心理承受能力。在给学生营造稳定、和谐、舒适的生活环境的同时，不应对学生过分保护和溺爱，而应该让学生学会面对生活，提高学生的心理素质和承受能力。三是让学生学会大胆的倾诉。指导学生学会表达自己的内心情绪，还可以经常带学生到一些视野开旷的地带，鼓励学生放声宣泄。四是注意了解学生的心态。学生的自杀倾向也有一个形成的过程，每一个不太正常的行为都有它的前因后果。我们应该注意了解学生情感上的需要，增进师生的心灵沟通，还应多与家长联系。这样，可以及时发现并化解学生心理的困扰，防患于未然。五是不要给学生制造过重的压力。应该避免那种盲目拿学习成绩和考试分数来压学生的教育方式。六是注意媒体信息的消极影响。对学生经常接触的读物和影视要有所了解，及时给予恰当的指导。七是寻求专业帮助。如果学生出现了明显的心理疾患，比如抑郁症，应及时带学生去进行心理咨询或心理治疗，以防产生严重后果。

## 38. 我的一颗爱国心

### 心理案例：我已经决定，围着坐标原点旋转……

一个夏天的早上，校园里一片宁静。突然，校长办公室门外一声“报告”打破了这种宁静。校长惊异地拉开门，一个高中男孩恭敬而严肃地站在门前。男孩庄严而激动地说：“校长，请给我开一封介绍信，如果可以的话，我愿将生命的三分之一去换取俄罗斯博物馆的一个中国印迹……”

校长有点懵：这是怎么回事？这个男孩说的是什么？突然之间，实在有点摸不着头脑。校长让自己镇定了一下，说：“你有什么事？想说什么？用笔写下来，可以吗？”

男孩虔诚地接过校长递过来的笔，坐在桌旁。大约几分钟后，他递给校长一篇《我的理想》，上面写道——

“如果可以的话，我愿将生命的三分之一去换取俄罗斯博物馆的一个中国印迹；如果可以的话，另三分之一拿去慰藉苦痛者的心；剩下的三分之一，我来思索，是否可以回来做一些我还没有做的，是否将365天平分……现在，是否有航班一直等着我，我只需您一封信，信封由您设计，信封内只装一颗炽热的中国心……

“在校外，我的所作所为代表着学校；在他乡，我必将代表中国。现在，我什么都不缺，缺的只是您的一封信……

“现在我决定了，将我生命的另三分之一放在那苦难的地方，我会把我所有的书籍捐给那些没有书的孩子……

“其余的三分之一，我在这里……

“你问我为什么要这样，从我生下来那天开始，就注定会这样，因为我决定要完成我曾立下的誓言。

“我已经决定，围着坐标原点旋转……”

校长不看则已，一看真的懵了：这个学生怎么了？他究竟要干什么？校长的大脑“旋转”了一阵之后，第一反应是当即给家长打电话请他们来一趟。男孩被留在校长办公室里，校长一直悬着心陪着男孩，生怕男孩一出门就不知会“旋转”到哪里去了。

男孩的父母闻讯，更是被“旋转”得发晕，马上联想到前些日子的一件事。他们只知道孩子是个内向老实的人，一向踏实念书，成绩也不错。孩子晚上和爷爷奶奶一起睡，他们也很少听孩子说心事。前不久的一天晚上，孩子突然和爷爷奶奶说，自己要去大西北，去实现自己的理想。当时弄得全家人一头雾水，就担心孩子出点什么事。现在孩子是不是真的出事了？

男孩见到家长，也说不清自己到底是怎么回事，家长更感觉到孩子说话颠三倒四。校长和家长经过初步沟通，担心到了一块：孩子是不是得了精神分裂症？万一哪一天跑丢了怎么办？

于是，男孩被带回家，日夜有人守着。男孩越是说自己没病，家里人越是不放心。

第二天，家长带男孩去看医生。医生说男孩没有什么，只是给了点抗焦虑的药物。三天过去了，男孩在家里待不下去了，强烈要求上学，说自己没病，就是有一颗爱国心。家长还是很疑惑：这孩子到底怎么了？

最后，经人介绍家长带男孩辗转来访，我才知道了上面的故事。

男孩是不是得了精神分裂症，或是别的精神病？如果不是，究竟是怎么回事？这是全家最关心的问题。

一般来说，精神分裂症病人因为大脑功能失调，而导致认知、情感、意志等精神活动障碍，通常会表现出严重的思维混乱、频繁的胡言乱语、表情茫然或兴奋、自知力减退或丧失等各种症状。

上面的故事中，男孩要去俄罗斯，去大西北，要实现自己的誓言，这究竟是理想，还是妄想？就是说，男孩究竟是否得了精神分裂症？

在我们的心理咨询会话中，男孩没有任何精神分裂症的症状，思维清晰，语言准确，情绪正常，举止得当，眼神里流露的是真诚、智慧和善良。上述的故事，就是男孩自己告诉我的。一个精神分裂症患者不可能与人进行如此正常的沟通。而且，男孩是主动来访的，希望心理咨询师能理解他、帮助他。这又说明男孩有很好的自知力。这种完好的自知力、这种主动求助的愿望，是排除精神障碍的最好依据。大凡精神分裂症患者，由于自知力缺乏，都很难主动求助。

心理咨询会话的首要功能，就是诊断。初步诊断可以确定，男孩没有精神分裂症。其实，前面医生的诊断已经证明了这一点。

为了进一步的诊断，接下来，我和男孩进行了意象对话。

我们的心理世界像一座冰山，我们平时所说的思想意识，只是露出水面的那一小部分，更大的部分潜伏在水面以下，叫做潜意识。意识部分已经很复杂，很难让人看清，潜意识部分就更复杂，更难于让人看清了。但是，意象可以反应人的意识或潜意识中的心理活动。意象活动不受意志的直接控制，因而能更好地反映一个人心理。再有，大多数意象都具有普遍性的象征意义。因此，可以从意象看到所象征的心理内容，看清我们平时难以看清的真实心态。

通常，意象对话中想象出来的房子，象征了当事人的心态。所以有“心房”的说法。在意象对话中，不同的人会看到不同的房子，有的房子富丽堂皇，有的房子矮小简陋，有的房子阴暗潮湿，有的房子窗明几净。这些不同的房子，象征了当事人不同的心理健康状况。比如，我接待过的一个男孩，他所想象出来的房子，里面光线昏暗，到处是灰尘，还有干枯的杂草。从中，谁都能感觉到这个男孩的心理健康状况很差，从专业角度来说，这个男孩有严重的抑郁症。

那么，现在这个男孩想象中的房子是怎样的呢？在我们的意象对话中，男孩想象中的房子，从外面看崭新漂亮，房间里光线明亮，家具整洁干净，气氛温馨舒适，没有任何心理障碍的迹象。我们从中可以看到，他拥有一颗明朗而纯净的美好心灵。与前面的诊断联系起来看，这进一步证明男孩的心理状态一切正常。

现在的关键问题是，怎样解释男孩在前面故事中的言行。

这时候，我们已经有了较多的交流，男孩也完全放松了心情，我请男孩坦率地谈谈。男孩伸出手掌郑重地按在自己的胸口："是他们误会了，是他们不懂我的心，我真的没有病，我就是有一颗爱国心。"随后，男孩解释说，随着自己渐渐长大，爱国的心越来越强烈。前几天，语文课上学到的一篇课文写到文物流失国外，激发了自己的爱国热情。周末晚上他又看了一个爱国题材的电视剧，久久不能入眠。第二天早上依然激情澎湃，很早就来到学校，没有见到老师，就直接去找校长了。以前说去大西北，也是看了电视，感到西北人民太苦了，就想去帮助他们，睡前就情不自禁地和爷爷奶奶说起。可是，他们不懂我的心，就担心我脑子出了问题，以为我有了精神分裂症……"

看我听懂了他的心思，男孩长长地舒了一口气。

男孩坦诚的诉说，已经对他那些看来似乎令人莫名其妙的言行，做出了很清晰的说明。我们从中已经可以清楚地看到，男孩想去大西北，去俄罗斯，以至于那天早上去找校长开介绍信，都是年轻人一颗爱国心的表现，是年轻人可贵的理想，而不是病理性的妄想。

那么，男孩写给校长的信又怎样解释？

为了进一步的诊断，我们约定了第二次会话的时间，我请男孩带来几篇以前的作文或日记以及所学的那篇课文。

第二次来访，男孩带来了他们的语文课本。那篇课文是余秋雨写的《道士塔》，里面谈到敦煌文物流失国外的屈辱，其中有两段话特别激动人心。男孩说，最打动自己的就是这两段话。至于俄罗斯博物馆有中国文物，是老师讲课时谈到的。男孩说，当时在课堂上就很动情、很激动，周末又看了爱国题材的电视剧，心中的激情就燃烧起来了。

这些情况，让我们进一步看清了男孩言行的来龙去脉，进一步理解了男孩看似怪异的言行背后的心路历程。

剩下来的，就是给男孩那仿佛令人费解的信做出解释了。

看了男孩平时的作文和日记，我发现这是一个很有文学天赋的男孩。他写的东西都有一种散文的味道，文字很美，感情强烈。这些文字的语言风格与信件的语言风格一致。这样散文化的语言风格，加上写信时的冲动情绪，在不了解背景的情况下，信中的语言就让人难以理解了。

我请男孩用平实的语言"翻译"信中的意思。男孩说，自己想去换回流失国外的文物，又想帮助贫困地区的孩子，同时想到自己现在学业未成，所以有了生命的三个"三分之一"的说法。至于结尾的"围着坐标原点旋转"，是说自己的决心坚定不移。其实，不用"翻译"，只要了解了事情的来龙去脉，细心体察，男孩信中的意思也是可以理解的。这与精神分裂症患者由于思维障碍导致的没有中心的混乱的语言文字全然不同。

男孩知道我完全读懂了他的心，晶莹的泪花中露出了笑容。

最后，我们就这件事情进行了深入的交流。男孩说经过几天的思考，他懂得了不仅要有爱国理想，还要脚踏实地。应该学会摆正理想与现实的关系，为了实现自己的理想，为了报效祖国，现在，最重要的是要踏踏实实地完成好自己的学习任务。

不久传来消息，男孩已经在校园里安心学习了，一切正常，学业又有了进步。大家悬着的一颗心终于放下来了。一个有惊无险的故事结束了。

## 与教师共同深入探讨

青少年应该怎样善待自己的理想？成人应该怎样读懂青少年的心灵？我们身为教师应该怎样走近学生的内心世界？相信这个故事会留给我们深深的思考。

从前面的案例中我们看到，男孩的种种言行，其实都是这个年龄段的青少年心理特征的表现。比如，爱国热情高，理想主义情结重，考虑事情不够理性，说话做事容易冲动，容易情绪化，容易脱离实际，容易异想天开，等等。再如，男孩语言文字的散文化，感情色彩的浓烈性，语言行为的戏剧性，也是青少年心理特征的表现。如此种种不同于成人的表现，就容易被成人误认为是出现了精神障碍，甚至被错当成精神分裂症。

为此，我们不妨大致地了解一下精神分裂症的症状：

一是思维障碍。病人思维过程缺乏连贯性和逻辑性，其特点是在意识清楚的情况下，病人的言谈或书写，虽然语句文法正确，但语句之间，或上下文之间缺乏内在意义上的联系，因而缺乏中心。交谈时可表现为对问题的回答不切题，对事物叙述不中肯，使人感到不易理解，这叫做思维松弛。严重时，言语支离破碎，甚至个别词语之间也缺乏联系，这叫做思维破裂。病人有时会在无外界影响的情况下，思维突然中止，这叫做思维中断。病人有时涌现大量思维并伴有明显的不自主感，这叫做思维涌现。有些病人用一些很普通的词语，表示某些特殊的别人无法理解的意义，这叫病理性象征思维。

二是情感障碍。情感淡漠、情感不协调也是精神分裂症的特征。情感淡漠最早涉及的是较细腻的情感，如对朋友欠关心，对亲人欠体贴等。病情加重后，病人可对周围事物的情感反应变得迟钝，对生活和学习的兴趣减少。随着疾病的发展，病人的情感日益淡漠，甚至对让人非常痛苦的事情，也表现出惊人的平淡。最后可能丧失与周围环境的情感联系。同时，可能出现情感反应与环境不协调，与思维内容不配合的情况，例如，病人可能为琐事而勃然暴怒，也可能含笑叙述自己的不幸遭遇。

三是意志障碍。病人的活动减少，缺乏主动性，行为变得孤僻、被动、退缩，即意志活动减退。病人对生活、学习及劳动的要求降低，如不主动与人往来，无故旷课或旷工等。严重时对生活亦缺乏基本要求，如不注意清洁卫生，长期不洗澡、不理发；终日无所事事，呆坐或卧床。部分病人的行为与环境不配合，如吃一些不能吃的东西，或伤害自己的身体，等等。

四是幻觉和妄想。病人会出现幻觉和妄想，幻觉和妄想的内容非常荒谬，脱离现实。在精神分裂症的症状里，最常见的典型症状之一就是妄想。妄想是一种病态信念，不符合事实，自己却坚信不疑，不能以其所具有的教育水平与社会背景来解释，也不能通过摆事实讲道理来说服。妄想的内容往往与个人切身利益密切相关，比如被迫害妄想，总以为有人要加害自己；再如嫉妒妄想，总以为配偶有外遇，对自己不忠诚，等等。

五是自知力缺乏。自知力是指病人对自身的异常或病理状态的认识能力，即能否觉察和认识到自己的疾病的能力。由于缺乏自知力，病人往往不愿意主动求治，不认为自己有病。大凡精神病，通常都存在这个症状。

当然，我们不可能替代心理医生或精神科医生。但是，我们对精神分裂症的症状表现有个大致的了解，既能防止把精神分裂症错当成心理问题，延误了治疗的时机，也能防止把心理问题错当成精神分裂症，让学生蒙冤。

在教育实践中，我们常常抱怨说学生不懂老师的心，其实，更多的时候是我们不懂学生的心。因而，在学生的心灵陷于迷茫的时候，我们束手无策，甚至是帮了倒忙，让学生的心灵更加迷茫。

作为教师，也许不一定具备丰富的心理健康知识，也许不能进行很专业的心理诊断和治疗，比如对于精神分裂症的诊断，比如对于意象对话的操作，我们不一定非要成为行家里手。但是，我们同样可以走近学生的内心。

我们应该怎样走近学生的内心?

只要少一些自以为是，少一些武断专行，多一些细心体察，多一些交流沟通，我们都能向学生的心灵世界走近一步。比如，在前面的案例中，教师和家长只要耐心沟通、用心交流、细心体察、会心倾听，就不难读懂男孩的心声。

有了这样的耐心、用心、细心和会心，即便某些学生确实出现了精神疾病，教师也可以及时发现端倪，及时和学生家长联系，及时促成专业诊治。

目前，我国中小学大多开设了专门的心理健康机构。当教师发现学生有些心理异常时，及时求助于专业的心理教师，就是对学生最现实的帮助。

# 39．白日梦：一个奇妙的世界

## 心理案例：男孩女孩的梦想莫名其妙

一个女孩这样讲述她心中的故事：

“从小我就爱看书。在读小学六年级的时候，我无意中接触了一些言情小说和武侠小说，并很快就迷上了它们。也许这还不算太坏，更可怕的是，我竟然幻想出了一个并不存在的世界。在我的那个世界里，我是一个美貌、有钱、武功高强且冷酷无情的女人，有虐待人的嗜好。我想象出一个各方面条件极佳、爱我至深的男人，作为我的虐待对象。我会用各种残酷的方法虐待他，对这个过程我会想象得很逼真、很细致。每当我想到这些虐待别人的情节时，我真实地感到很兴奋、很过瘾。除此之外，我还会想象出许多情节去完善、去延续我这个幻想的世界。

“以前，我只有在刻意去想的时候，这样的情景才会在我脑海中出现。可是，现在我只要一有点空闲就会不由自主地想象起来。我对幻想的世界产生了极大的依赖。开始我并不觉得这种依赖有什么不好。可渐渐地，我发现自己变得精神恍惚。好几次，同学向我借东西，重复了好几遍我才回过神来。上课我想听讲，注意力却无法集中，脑子里总是在为那个幻想的世界编造故事。我很懊恼，很想忘记那个幻想的世界，但它像个幽灵一样缠绕着我，而我正是那个幽灵的制造者。我这是怎么啦？我该怎么办？”

一个男孩这样讲述他心中的故事：

“我是一个初中男孩，在班里的学习成绩和人际关系都不错，老师和同学都很喜欢我，我也很喜欢他们。我是一个比较内向的男孩，平时不爱说话，很喜欢看小说和介绍外国风土人情的文章。我常常梦想着自己能够出国留学，到我喜欢的欧洲生活。可是，最近我发现自己对什么都不感兴趣了，甚至连我最喜欢的文章也不想再看了。我常常对自己说：别做梦了，你根本就不可能到国外去，你也就配在家里待着，别再胡思乱想了。就是这些想法，让我失去了快乐。我痛恨自己的这种想法，但是没有用。我不敢把这种想法告诉父母。请您告诉我，这是为什么？我该怎么办？”

## 与教师共同深入探讨

缠绕女孩的那个幽灵是什么？让男孩痛苦的那种想法又是什么？那便是我们平常说的“白日梦”。从心理学的角度来看，所谓白日梦，是在非睡眠的状态下产生的一种幻想活动，具有高度自我、超越现实、打破时空界限等特征，是很多人都体验过的一种心理现象。说它在非睡眠状态下产生，是说它虽然不是在睡眠时却也不是在很清醒时发生的。在这样的幻想活动中人的意识有轻度模糊，又未混淆现实与幻想的区别，仍能对客观现实做出适当反应。正因如此，才把这种幻想叫做“白日梦”。

白日梦似乎很偏爱少男少女。青春的日子是个多梦的季节，少男少女心中有太多太多的愿望，而由于年龄、知识、能力等等的局限，他们心中许多的愿望并不能变成现实。但是，他们心中的愿望也不会因此而销声匿迹，依然那么强烈地在心中涌动着。于是心理冲突出现了。

怎样满足自己内心的愿望，来缓解心理冲突、维护心理平衡呢？白日梦是最好的选择。在梦中，可以自由自在，可以为所欲为：可以幻想成白马王子，可以幻想成白雪公主，可以幻想成救世英雄，可以幻想成现代超人，当然，还可以幻想成运动场上的健将、竞赛场上的冠军、领奖台上的主角。无论具体的角色如何，反正都是胜利者，都是成功者。于是，在现实生活中不能满足的愿望在梦中满足了，丑陋者成了美人，懦弱者成了勇士，落后者跑到了前列，失败者找到了成功……

所以，白日梦是一个美妙的世界，对人的心理和生活具有一定的积极意义。一是具有心理趋同作用。白日梦中的角色，通常是做梦的人在心理上认同的一个目标，这个目标可能是具体的，也可能是泛化的。不管怎样，认同的目标都会通过“趋同作用”，转化为个人意志行动的动力。二是具有心理激发作用。白日梦可以激发起青少年对未来的向往和憧憬，激发起他们心中的希望和信心，并激发起他们为实现目标而努力的行动。在艺术活动中，白日梦还可以激发艺术创作的灵感。三是具有心理自慰作用。人的欲望实在是没有止境的，人生的向往实在难以全部梦想成真。对那些不能实现的愿望，人可以借助白日梦在幻想中得到满足。做白日梦时人会体验到一定程度的欣快感，从而获得心理自慰，实现心理平衡，起到心理保健的作用。

但是，白日梦又会变成一个可怕的世界，弄不好就会给人生造成悲剧。如果以白日梦完全取代现实生活中有意义的行动，并把它变成逃避现实的手段，那就可能成为心理病态的征兆了。一味沉溺于白日梦之中往往是心理退缩现象，是一种退行行为，是“长不大”的一种表现。如果青少年过分沉迷于虚幻的白日梦不能自拔，任凭虚无缥缈的梦境主宰自己，那么，白日梦就会像毒品一样，吞噬其青春和理想。因为，一个人总是沉迷于梦境之中不能醒来，现实生活中哪里还有你的立足之地？你还怎么自立于现实世界？

上面故事中的女孩，就是在白日梦的世界里走得太远了。她很可能是一个内向而软弱的女孩，不善交往，在现实人际交往方面的需要得不到满足。而且，她很可能在生活中有过受男孩子欺负的经历，让她对男孩子怀有深深的怨恨。由于爱读那些言情和武打方面的小说，加上正处于多梦的年龄，于是在白日梦的世界里找到了一种替代性的满足。但是，她沉溺于白日梦之中不能自拔，形成了强迫观念，出现了心理障碍。

上面故事中的男孩，可能很优秀、很浪漫、好幻想，这没有什么不好。但是，当他沉溺其中，远离了现实生活，对现实生活失去了兴趣和热情的时候，就只能让自己品味自酿的心灵苦酒了。

因此，我们应指导爱做白日梦的少男少女，让他们懂得，可以找个悠闲的日子在白日梦中游历一番，获得心理的满足，化解心灵的压力，寻找心中的希望。但是，在入梦之前一定要给自己定时，让自己到时候就从梦中醒来，在真实的生活中靠自己的努力一步一步地把自己的幻想变成现实。当发现自己有点沉迷于白日梦的时候，就需要自救了。最好的办法是从改变生活入手。比如，暂时告别富于情节性的小说、影视等，把这些时间用来感受家庭的、学校的和社会的现实生活。再如，和同学们在一起，说说笑笑，唱唱跳跳，打打闹闹，在积极的人际交往中获得更真实的满足和快乐。当然，从内心深处弄明白幻想不能替代现实，心中就安装了一个定时的闹钟，到时自然就会把你从白日梦中唤醒。

## 附录：心理自测题

### 1. 你的考试焦虑正常吗？

**[ 导语 ]**

下面是一个关于考试焦虑的自我测试。各题都有4个备选答案，请根据自己的实际情况，在题目后面记一个相应的字母。很符合自己情况的记A；比较符合自己情况的记B；不大符合自己情况的记C；很不符合自己情况的记D。

**[ 问题 ]**

1. 在重要考试的前几天，我坐立不安。
2. 临近考试时，我常出现腹泻症状。
3. 一想到考试，我身体就发僵。
4. 在考试前，我感到苦恼。
5. 在考试前，我感到烦躁，脾气变坏。
6. 在紧张的复习期间，我常常会想：这次考试要是得一个坏分数怎么办？
7. 越临近考试，我的注意力越难集中。
8. 一想到马上就要考试了，参加任何文体活动都没劲。
9. 在考试前，我总预感到这次考试将要考坏。
10. 在考试前，我常做关于考试的梦。
11. 到了考试那天，我就不安起来。
12. 当考试的铃声响了，我的心马上紧张得要跳起来。

13. 遇到重要考试，我的脑子就显得比平时迟钝。

14. 看到考试题目越多、越难，我越感到不安。

15. 在考试中，我的手变得冰凉。

16. 考试时，我感到十分紧张。

17. 一遇到难的考试，我就担心自己不及格。

18. 在紧张的考试中，我会想起与考试无关的事情，注意力集中不起来。

19. 考试时，我会紧张得连平时记得滚瓜烂熟的知识也回忆不起来。

20. 考试时，我会沉迷于空想之中，一时忘了自己在考试。

21. 考试中，我想上厕所的次数比平时要多些。

22. 考试时，即使不热，我也会浑身出汗。

23. 考试时，我会紧张得手发僵，写字不流畅。

24. 考试时，我经常会看错题目。

25. 在进行重要的考试时，我的头就会痛起来。

26. 发现剩下的时间来不及做完全部考题时，我会急得手足无措、浑身大汗。

27. 如果考试得了个坏分数，家长或教师会严厉地指责我。

28. 在考试后，发现能做对的题没有答对时，就十分生自己的气。

29. 有几次，在重要的考试之后，我腹泻了。

30. 我对考试十分厌烦。

31. 要是考试不记成绩，我就喜欢考试。

32. 考试不应该在这样紧张的状态下进行。

33. 要是不进行考试，我就能学到更多的知识。

**[评析]**

统计你所记各个字母的次数，A 得 3 分，B 得 2 分，C 得 1 分，D

得0分。然后累加算出你的总得分。

总分在0～24分之间属于镇定水平，说明你总是以较为轻松的态度对待考试。但如果你的总分过低，则说明你对考试采取了过于不在乎的态度，也是需要改变的。

总分在25～49分之间属于轻度焦虑水平，说明你面对考试，心情较激动，有点紧张不安。但不必担心，这属于正常的应试状态。低水平的焦虑，说明你的脑细胞都已兴奋起来，准备进行或正在进行高效率的工作。

总分在50～74分之间属于中度焦虑水平，说明你面对考试，有些过于紧张不安。以这样的紧张心情去参加考试，不利于发挥出你的实际水平。注意调节一下自己的心态，降低一下自己的焦虑水平。

总分在75～99分之间属于重度焦虑水平，必须引起足够的重视。因为你已患上了“考试焦虑症”，它会导致你的考试失败，学习难以正常进行，心理健康水平也会大为下降。因此，你应找心理咨询人员，以便采取措施加以治疗。

## 2. 你有初恋倾向吗?

### [ 导语 ]

下面这个测试，可以帮助你比较清楚地把握自己是否出现了初恋的迹象，以便主动采取心理对策。下面问题符合自己情况的打“√”。

### [ 问题 ]

1. 你是否突然变得特别爱打扮?
2. 你是否常常对着镜子左顾右盼?
3. 你是否总是想添置时髦的衣服?
4. 你的学习成绩是否突然有明显下降?
5. 你写作业时是否心不在焉?
6. 活泼好动的你是否变得沉默起来?
7. 你是否无缘无故与家人生疏起来?
8. 你是否总从家里往外跑?
9. 你是否会红着脸说谎?
10. 你是否回家后喜欢一个人躲在房间里?
11. 你是否情绪起伏大，有时兴奋、有时抑郁、有时烦躁不安?
12. 你是否偷看一些描写爱情的文艺作品?
13. 你是否对影视剧中的爱情镜头特别关注?
14. 你是否喜欢打听男女之间的事?
15. 你是否偷偷写东西看到家长又急忙掩饰?
16. 你是否对某个异性的名字特别敏感?
17. 是否常有异性给你打来电话?
18. 你是否经常有一些家长不明来路的小礼物?
19. 你否偷偷买些小礼物送人?
20. 你是否无意间谈起公园、溜冰场等类似的场所?

[评析]

统计一下共有几个问题打“√”。很明显，打“√”的越多初恋倾向越明显，打“√”超过半数，你虽然不一定开始了初恋，但你的初恋倾向已经很明显，怎样善待初恋，你就该格外留神了。

## 3. 你的人际适应能力如何？

**[ 导语 ]**

下面这个心理测试，可以帮助你了解自己的人际适应能力。测试中描述了 20 种情况，每种情况有 3 个备选答案。请根据自己的情况选择适合的答案。

**[ 问题 ]**

1. 我最怕转学或转班，每到一个新环境，我总要经过很长一段时间才能适应。

   A. 是　　B. 两者之间　　C. 不是

2. 每到一个新的地方，我很容易同别人接近。

   A. 是　　B. 两者之间　　C. 不是

3. 在陌生人面前，我常无话可说，以至感到尴尬。

   A. 是　　B. 两者之间　　C. 不是

4. 我最喜欢学习新知识或新学科，它给我一种新鲜感，能调动我的积极性。

   A. 是　　B. 两者之间　　C. 不是

5. 每到一个新地方，我第一天总是睡不好，就是在家里，只要换一张床，有时也会失眠。

   A. 是　　B. 两者之间　　C. 不是

6. 不管生活条件有多大变化，我也能很快习惯。

   A. 是　　B. 两者之间　　C. 不是

7. 越是人多的地方，我越感到紧张。

   A. 是　　B. 两者之间　　C. 不是

8. 在正式比赛或考试时，我的成绩多半不会比平时练习差。

   A. 是　　B. 两者之间　　C. 不是

9. 我最怕在班上发言，全班同学都看着我，心都快跳出来了。

A. 是　　B. 两者之间　　C. 不是

10. 即使有的同学对我有看法，我仍能同他交往。

A. 是　　B. 两者之间　　C. 不是

11. 老师在场的时候，我做事情总有些不自在。

A. 是　　B. 两者之间　　C. 不是

12. 和同学或家人相处，我很少固执己见，总是乐于采纳别人的看法。

A. 是　　B. 两者之间　　C. 不是

13. 同别人争论时，我常常感到语塞，事后才想起该怎样驳倒对方，可惜已经太迟了。

A. 是　　B. 两者之间　　C. 不是

14. 我对生活条件要求不高，即使生活条件很艰苦，我也过得很愉快。

A. 是　　B. 两者之间　　C. 不是

15. 有时自己明明把课文背得滚瓜烂熟，可在课堂上背的时候，还是会出差错。

A. 是　　B. 两者之间　　C. 不是

16. 在决定胜负成败的关键时刻，我虽然很紧张，但总能很快使自己镇定下来。

A. 是　　B. 两者之间　　C. 不是

17. 我不喜欢的东西，不管怎么学也学不会。

A. 是　　B. 两者之间　　C. 不是

18. 在嘈杂混乱的环境里，我仍然能集中精力学习，并且效率较高。

A. 是　　B. 两者之间　　C. 不是

19. 我不喜欢陌生人来家里做客，每逢这种情况，我就有意回避。

A. 是　　B. 两者之间　　C. 不是

20. 我很喜欢参加社交活动，我感到这是交朋友的好机会。

A. 是　　B. 两者之间　　C. 不是

**[ 评析 ]**

上面第 1、3、5、7、9、11、13、15、17、19 题选 A 者记 0 分，选 B 者记 1 分，选 C 者及 2 分。其余各题正好相反，选 A 者记 2 分，选 B 者记 1 分，选 C 者记 0 分。然后统计总分，满分 40 分。

如果你的总分在 31 分以上，说明你的人际适应能力很强，面对新的生活，请注意发挥你的优势。

如果你的总分在 11 ～ 30 分之间，说明你的人际适应能力正常，面对新的生活，不用为此担忧，生活中注意强化优势就是了。

如果你的总分在 10 分以下，说明你的人际适应能力较差，面对新的生活，需要注意提高自己的人际适应水平。必要的时候，可以寻求专业心理人员的帮助。

## 4. 你的自信感有几分？

### [ 导语 ]

自信感是对自己的一种积极的自我感受，是对自己的接受、认可、肯定的自我体验。它是我们心理健康的支柱。你的自信感如何？请仔细阅读下面30个小问题，理解题意后，按照你的第一反应，如实回答“是”或“否”。

### [ 问题 ]

1. 我想要做的事就一定能做到。
2. 我的观点常与众不同，具有独特性。
3. 我感到身心不易放松。
4. 我常认为自己是正确的。
5. 我常思考别人会用什么方式对待我。
6. 我是一个有主见的人。
7. 我的习惯大部分都是好的。
8. 我是一个有才能的人。
9. 我坚信人定胜天。
10. 我在许多方面都比别人强。
11. 我时常喜欢自夸。
12. 求人不如求己。
13. 我虽然有明确的目标，但缺乏计划性。
14. 我常担心别人看不起我。
15. 我希望别人能多给我一些帮助。
16. 我非常乐于助人。
17. 我觉得社会不大需要我做的这种工作。
18. 我觉得许多人都不怎么喜欢我。

19. 我对周围缺乏安全感。

20. 天生我才必有用。

21. 我从不自责。

22. 我常不满足于现状。

23. 我觉得别人无论做什么都比我容易。

24. 我担心有什么不幸的事会发生在我身上。

25. 我善于与人交往。

26. 我觉得自己容易陷入窘境。

27. 我相信明天会比今天好。

28. 我生活得很充实。

29. 我对未来深感忧虑。

30. 与他人相比，我的精力不足，效率也不高。

**[ 评析 ]**

第 1、2、4、6、7、8、10、12、16、20、21、22、25、27、28 各题回答“是”则各记 1 分；第 3、5、9、11、13、14、15、17、18、19、23、24、26、29、30 各题回答“否”则各记 1 分。将得分相加，总分就显示了你自信水平的高低。

27 分以上，说明你的自信水平很高，你平时给人的印象是从不自卑，但有些人会觉得你自大。所以对你来说，应防止过高评价自己。

22 ～ 26 分之间，说明你的自信是适当的。你很少自卑，做事踏实，常会取得好成绩。

18 ～ 21 分之间，说明你的自信水平在常态范围之内，注意适当增强就是了。

17 分以下，说明你的自信不足，但你的内心总想给他人留下好印象。你需要积极调整，增强自信，必要的时候可以寻求专业的心理帮助。

## 5. 你的性格倾向怎样？

### [导语]

如果你想了解自己的性格倾向，请进行以下自测。本测验共有50道题，请根据自己的实际情况做出回答。符合的，则把该问题后面的"是"圈起来；难以回答的，则把"不一定"圈起来；不符合的，则把"否"圈起来。

### [问题]

| | | | |
|---|---|---|---|
| 1. 我与观点不同的人也能友好往来。 | 是 | 否 | 不一定 |
| 2. 我读书较慢，力求完全看懂。 | 是 | 否 | 不一定 |
| 3. 我做事较快，但较粗糙。 | 是 | 否 | 不一定 |
| 4. 我经常分析自己，研究自己。 | 是 | 否 | 不一定 |
| 5. 生气时，我总是不加抑制地把怒气发泄出来。 | 是 | 否 | 不一定 |
| 6. 在人多的场合我总是力求不引人注意。 | 是 | 否 | 不一定 |
| 7. 我不喜欢写日记。 | 是 | 否 | 不一定 |
| 8. 我待人总是很小心。 | 是 | 否 | 不一定 |
| 9. 我是个不拘小节的人。 | 是 | 否 | 不一定 |
| 10. 我不敢在众人面前发表演说。 | 是 | 否 | 不一定 |
| 11. 我能够做好领导团体的工作。 | 是 | 否 | 不一定 |
| 12. 我常会猜疑别人。 | 是 | 否 | 不一定 |
| 13. 受到表扬后我会工作得更努力。 | 是 | 否 | 不一定 |
| 14. 我希望过平静轻松的生活。 | 是 | 否 | 不一定 |
| 15. 我从不考虑自己几年后的事情。 | 是 | 否 | 不一定 |
| 16. 我常会一个人想入非非。 | 是 | 否 | 不一定 |
| 17. 我喜欢经常变换学习或工作内容。 | 是 | 否 | 不一定 |
| 18. 我常常回忆自己过去的生活。 | 是 | 否 | 不一定 |

19. 我很喜欢参加集体娱乐活动。 是 否 不一定
20. 我总是三思而后行。 是 否 不一定
21. 花钱时我从不精打细算。 是 否 不一定
22. 我讨厌在我学习或工作时有人在旁边观看。 是 否 不一定
23. 我始终以乐观的态度对待人生。 是 否 不一定
24. 我总是独立思考回答问题。 是 否 不一定
25. 我不怕应付麻烦的事情。 是 否 不一定
26. 对陌生人我从不轻易相信。 是 否 不一定
27. 我几乎从不主动制订学习或工作计划。 是 否 不一定
28. 我不善于结交朋友。 是 否 不一定
29. 我的意见和观点常会发生变化。 是 否 不一定
30. 我很注意交通安全。 是 否 不一定
31. 我肚子里有话藏不住，总想对人说出来。 是 否 不一定
32. 我常有自卑感。 是 否 不一定
33. 我不大注意自己的服装是否整洁。 是 否 不一定
34. 我很关心别人会对我有什么看法。 是 否 不一定
35. 和别人在一起时，我的话总比别人多。 是 否 不一定
36. 我喜欢独自一个人在房内休息。 是 否 不一定
37. 我的情绪很容易波动。 是 否 不一定
38. 看到房间里杂乱无章，我就静不下心来。 是 否 不一定
39. 遇到不懂的问题我就去问别人。 是 否 不一定
40. 旁边若有说话声或广播声，我就无法静下心来学习。 是 否 不一定
41. 我的口头表达能力还不错。 是 否 不一定
42. 我是个沉默寡言的人。 是 否 不一定
43. 在一个新环境里我很快就能熟悉了。 是 否 不一定
44. 要我同陌生人打交道，我常感到为难。 是 否 不一定

45. 我常会过高地估计自己的能力。　　是　否　不一定

46. 遭到失败后我总是忘却不了。　　是　否　不一定

47. 我感到脚踏实地地干比探索理论原理更重要。　　是　否　不一定

48. 我很注意同伴们的学习或工作成绩。　　是　否　不一定

49. 比起读小说和看电影来，我更喜欢郊游和跳舞。　　是　否　不一定

50. 买东西时，我常常犹豫不决。　　是　否　不一定

**[评析]**

题号为单数的题目，圈“是”计2分，圈“不一定”计1分，圈“否”计0分。题号为双数的题目，圈“否”计2分，圈“不一定”记1分，圈“是”计0分。最后将各道题的分数相加，其和即为你的性格倾向性指数。性格倾向性指数在0与100之间。由性格倾向性指数的数值可以了解自己性格的内向或外向程度。

0～19分　内向型

20～39分　偏内向型

40～59分　中间型（混合型）

60～79分　偏外向型

80～100分　外向型

最后要告诉你，很难说哪一种性格倾向更好。重要的是我们在生活和学习中，应根据自己的性格倾向性，来选择效率较高的工作方法和学习方法，在可能的条件下，还应该根据自己的性格倾向性，来选择自己最容易适应的职业。如此，你的人生就多了几分成功。

## 6. 你的心理健康吗？

### [ 导语 ]

下面是一个帮助你了解自己心理健康状况的测试。测试共有 70 道问题，对照自己的情况，基本符合的在括号中记 2 分，有点符合的记 1 分，不符合的记 0 分，不清楚的也记 0 分。回答时不必仔细考虑，要尽快回答。

### [ 问题 ]

1. 如果周围有喧嚷声，不能马上睡着。 (　　)
2. 常常怒气陡生。 (　　)
3. 梦中所见与平时所想的不谋而合。 (　　)
4. 习惯于与陌生人谈笑自如。 (　　)
5. 经常地精神萎靡。 (　　)
6. 常常希望好好改变一下生活环境。 (　　)
7. 不愿意破除以前的规矩。 (　　)
8. 稍稍等人一会儿就急得不得了。 (　　)
9. 常常感到头有紧箍感。 (　　)
10. 对周围很小的声音也会注意到。 (　　)
11. 常常有哀伤的心情。 (　　)
12. 常常思考将来的事情并感到不安。 (　　)
13. 孤独一人时常常心烦意乱。 (　　)
14. 自认为从不对人说谎。 (　　)
15. 常常有一心慌便完全失败的情形。 (　　)
16. 经常担心别人对自己的看法。 (　　)
17. 经常以为自己的行为受别人支配。 (　　)
18. 做以自己为主的事情，常常非常活跃，全无倦意。 (　　)

19. 常常担心发生地震和火灾。 (　　)
20. 希望过与别人不同的生活。 (　　)
21. 自认为从不怨恨他人。 (　　)
22. 失败后，会长时间地陷于颓丧的心情。 (　　)
23. 兴奋时常常会突然神志昏迷。 (　　)
24. 即使最近发生了什么事故，也毫不在乎。 (　　)
25. 常常为一点小事而十分激动。 (　　)
26. 很多时候天气虽好却心情不佳。 (　　)
27. 工作时，常常想起什么便突然外出。 (　　)
28. 不希望别人经常提起自己。 (　　)
29. 常常对别人的微词耿耿于怀。 (　　)
30. 常常因为心情不好而感到身体的某个部位疼痛。 (　　)
31. 常常会突然忘记以前的打算。 (　　)
32. 睡眠不足或者连续工作都毫不在乎。 (　　)
33. 生活没有活力，意志消沉。 (　　)
34. 工作认真，有时却有荒谬的想法。 (　　)
35. 自认为从没有浪费时间。 (　　)
36. 与人约定事情常常犹豫不决。 (　　)
37. 看什么都不顺眼时常常感到头痛。 (　　)
38. 常常听见他人听不见的声音。 (　　)
39. 常常毫无缘由地快活。 (　　)
40. 一紧张就直冒汗。 (　　)
41. 比过去更厌恶今天，常常希望最好出些变故。 (　　)
42. 自认为经常对人说真话。 (　　)
43. 往往漠视小事而无所长进。 (　　)
44. 紧张时脸部肌肉常常会抽动。 (　　)
45. 有时认为周围的人与自己截然不同。 (　　)

46. 常常会粗心大意地忘记约会。 (　　)

47. 爱好沉思默想。 (　　)

48. 一听到有人说起仁义道德的话，就怒气冲冲。 (　　)

49. 自认为从没有被父母责骂过。 (　　)

50. 一着急总是担心时间，频频看表。 (　　)

51. 常常感到心脏和胸口发闷。 (　　)

52. 不喜欢与他人一起游玩。 (　　)

53. 常常兴奋得睡不着觉，总想干些什么。 (　　)

54. 尽管是微小的失败，但总是归咎于自己的过失。 (　　)

55. 常常想做别人不愿意做的事情。 (　　)

56. 习惯于亲切和蔼地与别人相处。 (　　)

57. 必须在别人面前做事情时，心就会激烈地跳动起来。 (　　)

58. 心情常常随当时的气氛变化很大。 (　　)

59. 即使是发生在自己身上的重大事情，也可以当做不是自己的事那样思考。 (　　)

60. 往往因为极小的愉悦而非常激动。 (　　)

61. 心有所虑时常常情绪非常消沉。 (　　)

62. 认为社会腐败，不管怎么努力也不会幸福。 (　　)

63. 自认为没有与人吵过架。 (　　)

64. 失败一次后再做事情时非常担心。 (　　)

65. 常常有堵住嗓子的感觉。 (　　)

66. 常常视父母兄弟如路人一般。 (　　)

67. 常常与初次相见的人愉快交谈。 (　　)

68. 念念不忘过去的失败。 (　　)

69. 常常因为事情进展不如自己想象的那样而怒气冲冲。 (　　)

70. 自认为从未生过病。 (　　)

[ 评析 ]

按照下面的心理健康自我鉴定记分表，根据“类型号码”把每种类型分数，按照表中所列的题号横向相加起来，分别填入合计栏中。比如，“类型Ⅰ”各题的得分别是：1题2分，8题1分，15题0分，22题0分，29题1分，36题2分，43题1分，50题2分，57题0分，64题1分，则2+1+0+0+1+2+1+2+0+1=10分，这个10分就填在第Ⅰ类型的合计栏里。其他各种类型依此类推。

**心理健康自我鉴定记分表**

| 类型号码 | 问题号码 | | | | | | | | | | 合计得分 |
|---|---|---|---|---|---|---|---|---|---|---|---|
| Ⅰ | 1 | 8 | 15 | 22 | 29 | 36 | 43 | 50 | 57 | 64 | |
| Ⅱ | 2 | 9 | 16 | 23 | 30 | 37 | 44 | 51 | 58 | 65 | |
| Ⅲ | 3 | 10 | 17 | 24 | 31 | 38 | 45 | 52 | 59 | 66 | |
| Ⅳ | 4 | 11 | 18 | 25 | 32 | 39 | 46 | 53 | 60 | 67 | |
| Ⅴ | 5 | 12 | 19 | 26 | 33 | 40 | 47 | 54 | 61 | 68 | |
| Ⅵ | 6 | 13 | 20 | 27 | 34 | 41 | 48 | 55 | 62 | 69 | |
| Ⅶ | 7 | 14 | 21 | 28 | 35 | 42 | 49 | 56 | 63 | 70 | |

心理症状指数的计算：除去第7类型虚构症外，将前6个类型的得分相加，所得分数即为心理症状指数。比如，第一横行合计得分为5，第二横行为2，以后依次为2、1、3、2，则心理症状指数则为15。

心理症状指数为32以下的人，心理健康状况良好，没有什么不良征兆。

心理症状指数为33～47的人，心理健康状况较好，但要检查一下，某种症状类型的得分如果过高，就要再一次地自我检查一下某一方面的心理健康状况，找出病因再对症治疗。

心理症状指数为48～61的人，心理健康状况一般。要调整自己的健康状况，使心理症状指数降到47以下。特别要找出得分较高的症状类型的原因，及时治疗。

心理症状指数为62～76的人，有心理疾病的征兆，最好去做心理咨询，以便进行缜密的分析。在做自我评价时，自我检查一下哪一项症状最严重，以便采取治疗措施，要仔细分析症状严重的原因，并努力解除这个原因。

心理症状指数为77以上的人，已经患有某种程度的心理疾病，需要接受心理医生的诊断和治疗。当然也不必过于忧心忡忡，重要的是及早发现，及早治疗，积极自救。记住，真正能够帮你恢复健康的是你自己。

**图书在版编目（CIP）数据**

好老师读心术 / 马志国著. —北京：中国人民大学出版社，2017.12
ISBN 978 – 7 – 300 – 25157 – 8

Ⅰ. ① 好…　Ⅱ. ① 马…　Ⅲ. ① 心理健康—健康教育—经验　Ⅳ. ① G444

中国版本图书馆CIP数据核字（2017）第287670号

**好老师读心术**
马志国 著
Hao Laoshi Du Xin Shu

| | | | |
|---|---|---|---|
| **出版发行** | 中国人民大学出版社 | | |
| **社　　址** | 北京中关村大街31号 | **邮政编码** | 100080 |
| **电　　话** | 010 – 62511242（总编室） | | 010 – 62511770（质管部） |
| | 010 – 82501766（邮购部） | | 010 – 62514148（门市部） |
| | 010 – 62515195（发行公司） | | 010 – 62515275（盗版举报） |
| **网　　址** | http://www.crup.com.cn | | |
| **经　　销** | 新华书店 | | |
| **印　　刷** | 北京东君印刷有限公司 | | |
| **开　　本** | 168 mm × 239 mm　16开本 | **版　　次** | 2017 年 12 月第 1 版 |
| **印　　张** | 15　插页1 | **印　　次** | 2019 年 10 月第 3 次印刷 |
| **字　　数** | 200 000 | **定　　价** | 49.80 元 |